台湾有事と日本の安全保障

日本と台湾は運命共同体だ

渡部悦和　尾上定正
小野田治　矢野一樹

ワニブックス
PLUS新書

はじめに

米中覇権争いは今後長く続くであろう

現在の国際情勢を規定する最も重要な要素は「米中覇権争い」だと思います。経済的にも軍事的にも世界第1位の米国と第2位の中国が貿易戦争を展開し、世界経済などあらゆる分野に大きな影響を与えています。この貿易戦争は単なる貿易を巡る争いではなく、将来の世界の趨勢を左右するハイテク（AI、ロボットなどの無人化技術、量子技術、バイオ技術など）を巡るハイテク覇権争いの様相を呈しています。

ドナルド・トランプ大統領は、中国に対する本格的な対決姿勢を2018年から示し始めました。本格的な米中覇権争いは2018年から始まったのです。歴代の米国大統領は、中国に対する関与政策（第二章参照）を採用し、中国との対話を重視し、中国を世界貿易機関（WTO）などの国際機関に加盟させ、責任ある民主主義的な大国として行動することを期待したのです。しかし、結果はまったく逆になりました。中国は民主主義体制を否定し、中国共産党が独裁する権威主義的な体制を最適だと主張しています。

習近平主席が〝中国の夢〟を放棄しない限り、インド太平洋地域の緊張は継続します。米中の覇権争いの背景には習主席が掲げる「中華民族の偉大なる復興」があります。2049年は中華人民共和国の建国100周年にあたりますが、習主席は2049年までに米国を追い越して「総合国力と国際的影響力において世界の先頭に立つ『社会主義現代化強国』を実現する」と宣言しています。まさに世界一宣言です。

習主席は、「中華民族の偉大なる復興」に関連して数々の夢を語っています。例えば、海洋強国の夢、宇宙強国の夢、航空強国の夢、科学技術強国の夢などであり、それぞれの分野において世界一になるという野望を表現しています。

トランプ大統領が仕掛けた米中貿易戦争に当初は押され気味でしたが、最近は腹をくったのでしょう。少なくともトランプ大統領の任期期間中（最長2期目が終了する2025年まで）は我慢して、最終的には勝利しようとしているかのようです。

一方、トランプ政権は、2017年12月に「国家安全保障戦略」、2018年1月には「国家防衛戦略」を発表、米国の脅威対象国を中国とロシアと明示し、とくに中国に厳しく対峙《たいじ》しました。これは米国の対中政策の歴史のなかでも特筆すべきことで、画期的な転換点となりました。

トランプ政権は、南シナ海で航行の自由作戦（FONOP：Freedom of Navigation Operation）を行い、中国の一方的な主権の主張を拒否しました。また、不法な行動を繰り返す中国のIT企業である中興通訊《ちゅうこうつうじん》（ZTE）に対する制裁（ZTEのスマートフォンや通信機器の製造に不可欠な部品を、クアルコムやグーグルなどの米国企業から調達することを禁止）を4月に発表し、これを倒産寸前まで追い詰めました。そして、米中貿易戦争を仕掛け、数次にわたる対中国経済制裁（第一弾は自動車やロボットなど340億ドル相当818品目に25%の関税、第二弾は半導体など160億ドル相当279品目に25%の関税、第三弾は家電・家具・衣料など2000億ドル相当5745品目に最大25%の関税、第四弾は家電や衣料などの1100億ドル相当3243品目に15%の追加関税をかけました）を発動し、危機に陥っている中国経済にさらに厳しい打撃を与えました。また、世界最大の通信機器会社ファーウェイの製品を米国市場から排除（安全保障上の懸念が排除の理由ですが、詳しくは第一章を参照）するとともに、ファーウェイ製品に採用されている中核的な米国のソフトやハードウェアの提供を禁止したのです。以上のような矢継ぎ早な対応は、トランプ政権が本格的に米中覇権争いを開始した証しです。

この米中覇権争いについては本文で詳しく述べますが、米中対立が本質的な要因、つまり「覇権国である米国は、新たな覇権国を目指す他国の台頭を許さない」という米国の伝統的な戦略に起因しているために、簡単には終了することなく、かなり長く継続する可能性が高いと思われます。

米国は2010年頃から中国の軍事力増強への対策を発表してきた

第二章において、米国が中国の急速な軍事増強、とくに人民解放軍の接近阻止／領域拒否（A2／AD）戦略（詳細は第二章参照）にいかに対処してきたかを戦略の側面から解説します。

「国家安全保障戦略」と「国家防衛戦略」という米国の戦略を語る際の基本的な戦略文書をはじめとし、中国のA2／ADに対処するための海軍と空軍主導の作戦構想「エア・シー・バトル（ASB：Air Sea Battle）」（2010年発表。詳細は第二章参照）、ASBに対抗して陸軍がランド研究所[※1]に研究させた「地対艦ミサイルによるチョークポイント防衛」構想（詳細は第二章参照）、2019年6月1日に国防省が発表した「インド太平洋戦略（IPS：Indo-Pacific Strategy Report）」（詳細は第二章参照）、シンクタンク「戦略予算評価センター（CSBA）[※2]」が発表したIPSと密接な関係がある「海洋プレッシャー戦略」（詳細は第二章参照）を紹介します。

とくに、CSBAの海洋プレッシャー戦略を理解すると、第一列島線[※3]の重要性が理解できますし、その重要な一部である日本と台湾の防衛が密接不可分なものであることが分かります。

※1　ワシントンDCに所在する有名なシンクタンクで国防省や軍（とくに空軍）との関係が深い。
※2　Center for Strategic and Budgetary Assessments＝ワシントンDCに所在する有名なシンクタンクで、米国の国防政策、戦力設計、予算を専門とし、国防省や軍と関係が深い。
※3　カムチャツカ半島、千島列島、日本列島、南西諸島、台湾、フィリピン、大スンダ列島を結ぶ列島線。

大きなリスクになってきた韓国と重要性を増してきた台湾

米中覇権争いのなかで注目すべき国家が韓国と台湾で、日本の安全保障とも密接な関係があります。

文在寅《ムンジェイン》大統領の韓国は、侮日本・反米国・親中国・従北朝鮮の姿勢を鮮明にし、南北連邦共和国（北朝鮮は「高麗民主連邦共和国」を提案している）を目指しています。世界の目が北朝鮮の核ミサイルの全廃に向いていますが、韓国政府は、米国が主張する「核の完全・検証可能・不可逆的な破壊（ＣＶＩＤ：Complete,Verifiable and Irreversible Denuclearization）」ではなく、北朝鮮が目指す「段階的な削減と段階的な経済制裁の解除」に好意的で、米国との意見の不一致は明らかです。その結果、米韓同盟はぎくしゃくし、在韓米軍の撤退がささやかれるまでに劣化しています。

もしも在韓米軍が撤退すると、米韓同盟は実質的に消滅することになります。文在寅政権の本音は南北統一朝鮮の実現でしょうから、この親北左翼の文在寅政権の政策が今後も長く踏襲されると、米韓同盟の消滅は現実的なシナリオになってきます。

さらに反日姿勢を鮮明にする文在寅政権は、慰安婦問題、徴用工問題、レーダー照射問題、戦略物資の輸出管理の問題などで感情的で非論理的な主張を繰り返し、ことごとく日本と対立しています。あたかも韓国の最大の敵が日本であると言わんばかりです。親北・反米・侮日の文在寅政権が続く限り、韓国は西側民主主義国から離脱することになります。米国が重視する日米韓の三か国関係の重視は絵に描いた餅です。米韓同盟消滅というワーストシナリオに対する備えを日米はしなければいけません。

韓国と対照的な国が中華民国（台湾）です。台湾は親日国家ですが、とくに蔡英文《ツァイインウェン》総統が誕生してから、日台関係は良好な状態が続いています。もしも、在韓米軍が撤退すると米軍の防衛ラインは第一列島線にならざるを得ません。第一列島線を構成する重要な国が日本と台湾になります。この状況は、第二章以下で詳しく分析します。

トランプ政権の最近の台湾に対する接近は、台湾を最も核心的利益と主張する中国を刺激しています。トランプ政権のこの動きは明らかに米中覇権争いを見据えた措置であり、朝鮮半島における米韓同盟の将来を見越したものであるという考えも成立すると思います。

本書においては、日本が主張する「自由で開かれたインド太平洋戦略」、第一列島線防衛などの様々な理由により、台湾の重要性を強調します。

日本の戦略のなかで完全に欠落していたのが台湾

本書では最終的に「日本の戦略はどうあるべきか」を記述します。米中覇権争いのなかで、焦点の一つは明らかに台湾です。そこで、第四章では「台湾の重要性」について説明します。

米中覇権争いが軍事衝突になる可能性は否定できません。最近のトランプ大統領の台湾支援政策には目を見張るものがあります。米台のすべての閣僚による相互訪問を促進する台湾旅行法の成立、国防権限法による米艦艇の台湾の港への定期的な寄港提言、今年（２０１９年）６月１日に発表されたインド太平洋戦略に堂々と台湾を日本などの独立国家と同列に記載、総額22億ドルの武器輸出の許可（翌7月8日発表）をするなど、矢継ぎ早に発表しています。明らかに台湾を対中カードとして使っています。

この米国の台湾支援に対して、台湾の統一を最も重要な核心的利益と主張する中国の反発は激しさを増していて、米中の軍事的衝突が発生する可能性を否定できない状況です。

もしも、台湾紛争が勃発したら日本はどうすべきか。台湾紛争は、日本有事に波及する可能性があります。その際にあたふたしないためにも、今から日本としてすべきことをしっかりしなければいけません。最も重要なことは憲法九条の改正だと思います。憲法を改正し、集団的自衛権の行使に関し、法的に一点の疑義もないようにしなければ台湾紛争や日本有事に適切に対処できません。

そのため、第五章では「第四次台湾海峡危機のシミュレーション」を紹介するとともに、第六章として「日本の戦略」について記述しました。

安全保障上、隙だらけの日本

安全保障上、日本ほど隙だらけの国は極めて稀《まれ》です。先の大戦の敗戦に伴い成立した憲法第九条が戦後日本の安全保障論議を極めて歪《いびつ》なものにしてきました。日本国憲法は平和主義の理想を掲げ、第九条に戦争放棄、戦力不保持、交戦権の否認を規定しています。この極端な平和主義にこだわりすぎたために、我が国の安全保障論議は世界の専門家から嘲笑される、極めて馬鹿げた非論理的なものになりました。

過度に抑制的な防衛政策（専守防衛[※4]、必要最小限の防衛力、軍事大国にならない、非核三原則など）のために中国、北朝鮮、ロシアなどの力を信奉する国々から侮られ、脅威を受けています。

我が国の憲法学者のなかには公然と「自衛隊は憲法違反だ」と主張する者がいますし、左派系の野党はこの自衛隊違憲論を根拠として、国会の安全保障議論がまっとうな方向に向かうのを妨げてきました。憲法改正に反対し、日米安全保障条約改定に反対し、スパイ防止法に反対し、特定秘密保護に関する法律に反対し、平和安全法制に反対するなど、日本の安全保障体制を改善する動きにことごとく反対し続けてきたのです。

その結果、日本は世界的に有名なスパイ天国ですし、日本に潜入した工作員が自由に活動しています。また、北朝鮮の武装工作船や漁船及び中国の海警局の公船や漁船が我が国の領海を頻繁に侵犯しています。隙だらけの日本の現状を抜本的に改善しなければ、私たちが直面している厳しい状況を打破することはできません。

世界一争いを展開している米中の狭間にあって、日本はその覇権争いを単に傍観しているだけではあまりにも情けないと思います。経済同友会の代表幹事であった小林喜光氏は、平成の30年間を「敗北と挫折の30年」と評しましたが、２０１９年5月から始まった令和の時代は「日本の復活と栄光の時代」であってもらいたいと思います。そのためには、国家ぐるみの体制を確立し、日本復活を達成したいものです。

なお、本書は私的な台湾研究グループのメンバーが討議をし、以下のように分担して執筆しました。

第一章、第二章、第三章と全体のまとめは渡部悦和元陸将、

第四章は　尾上定正元空将、

※4　「専守防衛」を文字通りに解釈すると「もっぱら防衛する」ということですが、政府見解は以下の通りです。「相手から武力攻撃を受けたときにはじめて防衛力を行使し、その態様も自衛のための必要最小限にとどめ、また、保持する防衛力も自衛のための必要最小限のものに限るなど、憲法の精神にのっとった受動的な防衛戦略の姿勢」を言う。

第五章は　小野田治元空将、
第六章は　矢野一樹元海将。

2019年冬　防衛省近くの市ヶ谷オフィスにて

執筆者を代表して　渡部悦和

第二章　米国の安全保障戦略

第五章　シミュレーション：第四次台湾海峡危機

第一章　米中覇権争いと中国の安全保障戦略

1　米中貿易戦争と米中覇権争い

米中貿易戦争の背景には「米中の覇権争い」があり、さらに言えば米中の「ＡＩなどのハイテク覇権争い」があります。習近平主席が目指す「科学技術強国」は、国家ぐるみのハイテク覇権追求を象徴的に表現しています。

米中の覇権争いは、多岐にわたりますが、とくにハイテク分野（人工知能、ロボットなどの無人機、第五世代移動通信システム：５Ｇなど）での主導権争いが一つの特徴です。中国は「中国製造２０２５」[※1]に基づき、国家ぐるみで、中華人民共和国建国１００周年の２０４９年までに「世界の製造大国」を目指しています。米国政府がとくに目の敵にしているのがこの「中国製造２０２５」です。

ハイテクは、将来の民間分野のみならず軍事分野での覇権争いに直結します。懸念されるのは、ハイテク分野の覇権争いが軍事的な紛争にエスカレートすることです。我が国も米中覇権争いの影響を直接的、間接的に受ける立場にあり、その動向に細心の注意が必要です。

2018年に米中覇権争いは本格化した

2018年は世界の安全保障の観点で歴史的な年でした。特筆すべきは、「2018年に本格的な米中覇権争いが始まった」ことです。これは、ドナルド・トランプという毀誉褒貶《きよほうへん》はありますが、稀有《けう》な実行力を発揮する大統領によってもたらされました。バラク・オバマ、ジョージ・W・ブッシュ、ビル・クリントンといった歴代の大統領は、中国に対する関与政策を採用し、結果として、中国の極めて強圧的な対外政策や知的財産権の侵害などの不法行動をとがめることができませんでした。そのため、中国は、外国企業の中国市場への参入に制約を設ける一方で、外国企業に対し先端技術の提供を強要し、サイバー攻撃や人によるスパイ活動により先端技術の窃取を行いました。その結果、世界第二位の経済大国・軍事大国となり、米国に挑戦しはじめたのです。

一方、トランプ政権は、2017年12月に「国家安全保障戦略」、2018年1月に

※1　李克強首相が2015年に発表した産業政策で、次世代情報技術など重点10分野を設定し、2049年までに「世界の製造強国の先頭グループ入り」を目指している。

「国家防衛戦略」を発表し、米国の脅威対象国を中国とロシアと明示し、とくに中国に厳しく対峙《たいじ》しました。例えば、南シナ海で航行の自由作戦を行い、中国の一方的な主権の主張を拒否しました。また、不法な行動を繰り返す中国のＩＴ企業である中興通訊（ＺＴＥ）に対する制裁を４月に発表し、これを倒産寸前まで追い詰めました。また、米中貿易戦争を仕掛け、３次にわたる対中国経済制裁を発動し、危機に陥っている中国経済にさらに厳しい打撃を与えました。そして最大の衝撃は、12月１日、世界最大の通信機器会社ファーウェイの副会長兼最高財務責任者（ＣＦＯ）である孟晩舟《メンワンツォウ》が米国の要請を受けたカナダ司法省に逮捕されたことです。以上のような矢継ぎ早の対応は、トランプ政権が本格的に米中覇権争いを開始した証しです。

この米中冷戦は簡単には終了せず、かなり長く継続する可能性があります。

ペンス副大統領のハドソン研究所における中国批判演説

ペンス副大統領は、２０１８年10月４日に保守的シンクタンクであるハドソン研究所で行われたスピーチで中国を厳しく批判し、「中国共産党は『中国製造２０２５』を通じて、ロボット、バイオテクノロジー、ＡＩなど世界の最先端産業の90％を支配することを目指している。中国政府は、21世紀における経済の圧倒的なシェアを占めるために、米国の知的財産をあらゆる手段を用いて窃取するよう指示してきた」と指摘しています。

このペンス演説は、米中貿易戦争の本質が「ＡＩなどの米中ハイテク覇権争い」であることを如実に表しています。

中国経済は現在、危機的な状況にあり、膨大な債務処理の問題など構造的問題の解決は喫緊の課題ですが、そこにトランプ大統領が仕掛けた貿易戦争が重くのしかかっています。中国の著名な経済学者であり中欧国際工商学院教授の許小年《シュウシャオニャン》は、この中国の危機を打開するためにはイノベーションが必要だと強調します。そのイノベーションをＡＩなどの最先端技術で達成しようというのが習近平主席の科学技術強国路線であり、富国強軍路線です。

トランプ政権の狙いはファーウェイ潰し

逮捕された孟晩舟は、ファーウェイの創始者である任正非《レンツェンフェイ》の長女、ファーウェイのナンバー2であり、次期CEOだと言われている重要人物です。この逮捕は、トランプ政権の対中国貿易戦争の一環であり、「言うことを聞かなければ、本気でファーウェイを潰すぞ」というトランプ政権の意志を感じさせるものでした。

中国の数少ない世界的なブランド「ファーウェイ」を狙い撃ちにしたことは、中国の「中国製造2025」や第13次5か年計画「2030年に向けた科学技術イノベーションプロジェクト」を本気で潰そうというトランプ政権の決意の表れです。

ファーウェイの創始者である任正非は、人民解放軍に1978年まで所属していた軍人でした。彼は除隊後の1987年にファーウェイを立ち上げ、携帯電話のインフラ整備に必要な通信機器を開発しました。ファーウェイは現在、世界一の通信機器メーカーにまで成長しましたが、その背景には中国共産党や人民解放軍との密接な関係があると言われています。例えば、人民解放軍が軍の現代化を達成するためには、指揮・統制・通信能力の向上やサイバー戦・情報戦能力の向上が不可欠であり、それを手助けした企業がファーウェイ（やZTE）であったという構図です。また、中国が目指す「ハイテク監視国家」を実現する中核企業としての側面もあります。

トランプ政権がファーウェイを目の敵にするのは、サイバースパイ活動により、最先端技術を窃取しているという疑惑のみならず、ファーウェイが第五世代の通信システム（5G）の世界一の企業だからです。「中国製造2025」で記述されている10大技術のトップに出てくるのが5Gであり、ファーウェイを潰すと「中国製造2025」を潰すことができる。ひいては習近平の「科学技術強国の夢」を挫《くじ》くことができるという背景があります。

一方で、ファーウェイの機器には、情報の窃取のためにバックドア（コンピューターへ不正に侵入するための入り口）やスパイウェアなどが仕掛けられているという指摘が米国をはじめとする先進諸国（日本、英国、豪州、カナダなど）でなされ、ファーウェイ製品を締め出す動きがあります。米国は国内のみならず、米国の同盟国や友好国にもファーウェイ製品の排除を強く求めています。

●2019会計年度の米国防権限法の規定

米中の貿易戦争は、その根本において安全保障が深く関わっています。その根拠は、

２０１９会計年度の米国防権限法第８９９節の規定です。その規定によると、米国の官公庁の購入や使用を禁止する「対象の機器・サービス」として、「ファーウェイまたはＺＴＥ（または、これらの子会社や関連会社）で生産された通信機器やサービス」と記述されています。

また、ファーウェイやＺＴＥ以外の中国の企業としてハイテラ・コミュニケーションズ（Hytera Communications Corporation）、ハイクビジョン（Hangzhou Hikvision Digital Technology Company）、ダーファ（Dahua Technology Company）、またはこれら企業の子会社または関連会社が指定され、それらの企業によって製造されたビデオ監視機器及び電気通信機器や、これらの機器によって行われる通信やビデオ監視サービス等も禁止対象の機器・サービスとなっています。

また、米官庁と取引がある企業は、上記の企業の機器やサービスを使用しているか否かに神経を尖《とが》らせることになります。第８９９節で名指しされた企業は米政府機関だけでなく、民間企業との取引も制約されることになります。

●中国の「国家情報法」と「国防動員法」

米国防権限法で中国企業の製品を排除する背景には、中国が2017年6月28日に施行した国家情報法の存在があります。国家情報法の第7条には、「いかなる組織及び個人も、国の情報活動に協力する義務がある」と規定されています。つまり、中国のすべての企業と国民は、中国共産党が命ずるままにスパイ活動をしなければいけません。とくに、ファーウェイやZTEなどのIT企業が次世代移動通信システム5Gを全世界に展開すると、システムを通じて膨大な情報を入手でき、国に提供する可能性があります。米国政府は、その危険性を認識し、ファーウェイやZTEなどの中国企業の製品を米国から排除し、なおかつ同盟国や友好国にも同様の措置をとることを要請しているのです。

この国家情報法は、中国で2010年に施行された国防動員法を連想させます。この国防動員法によると、中国政府が有事及び平時を問わず、「必要だ」と判断すると、中国に進出している日系企業を含めて、中国国内のすべての組織の人・モノ・金の徴用が合法化されます。この国家情報法や国防動員法に対する米国の懸念が、米国による中国製のハイテク機器の排除に大いに影響しています。

民主主義国家では考えられない中国の国家情報法や国防動員法は、民主主義国にとって安全保障上の大きな脅威なのです。

2　米中覇権争いに関する米国の見方

ツキディデスの罠

ツキディデスの罠《わな》とは、古代ギリシャの歴史家ツキディデスが唱えたもので、「新たな覇権国の台頭と、これに対する既存の覇権国の懸念や対抗心が戦争を不可避にする」という仮説です。

ツキディデスは、紀元前5世紀頃、古代ギリシャの覇権国であったスパルタと、新たに台頭しつつあったアテネの緊張関係を観察し、「アテネの台頭と、これに対するスパルタの懸念が両者間の戦争、すなわちペロポネソス戦争を引き起こした」と結論づけました。

ハーバード大学のグレアム・アリソン教授は長年ツキディデスの罠を研究してきましたが、「過去５００年の歴史のなかで、台頭する大国が既存の大国に挑戦する場合、16ケース中の12ケースで戦争になった」と発表しています。そして、「米国と中国がツキディデスの罠に陥る可能性は、我々が認識する以上に蓋然性が高い。ツキディデスの罠を回避できるか否かが、現代の世界秩序を考える際の焦点である」と強調しています。[※2]

ジョン・ミアシャイマーの『大国政治の悲劇』

シカゴ大学のジョン・ミアシャイマー教授は、主著『大国政治の悲劇』（奥山真司訳、五月書房新社）の第10章「中国は平和的に台頭できるか?」で、〈中国の台頭は平和的なものにならないし、新興覇権国の中国は必然的に覇権国である米国と対立する。〉〈米国はライバル大国の出現を絶対に許しておらず、（中略）『世界唯一の地域覇権国』という立場を決して譲ろうとしていない。〉と主張しています。そして、〈米国は中国封じ込

※2　Graham Allison, *The Thucydides trap: Are the U.S. and China headed for war?*, Harvard-Belfer Center for Science and International Affairs

めのために多大な努力をするだろうし、中国のアジア支配を不可能にするためには何でもやるだろう。〉とまで書いています。

国際政治において、大国間の関係は基本的にゼロサムゲームであり、一方が勝てば一方が負けることになります。力の均衡の世界では、米中がウインーウインの関係になることはありません。各国はそれぞれの地域大国を目指します。米国が西半球（南北アメリカ）で圧倒的な大国としての地位を確立したように、中国もアジアにおいて圧倒的な大国としての地位を確保しようとしています。以上がミアシャイマー教授の主張です。

マイケル・リンドの〝米国流戦略〟

米国の外交アナリストであるマイケル・リンド（Michael Lind）の著書〝American Way of Strategy〟（〝米国流戦略〟〔未邦訳〕）は米国の覇権戦略について本音を語り、大きな反響を呼んだ著作ですが、次のような一節があります。〈米国の政治家たちは、米国が19世紀に大国として台頭して以来、二つの目標を堅持してきた。北米における米国の覇権を維持することと、欧州、アジア及び中東において敵対的な大国の覇権を予防することである。事実米国は二つの世界大戦において、多極世界における大国の協力により北米以外の地域における覇権国の強大化を妨害してきた。ソ連の崩壊以降、1990年代と2000年代の米国指導者は、冷戦時代に構築した覇権的な同盟システムを、米国による半永久的なグローバル覇権に転換した。〉

リンドが記述しているように、米国は自らのグローバル覇権を確立するために他の覇権国の台頭を妨害してきたのです。具体的には冷戦期のソ連、日本、ドイツです。

第二次世界大戦後、世界は東西両陣営に分かれ、厳しい冷戦時代を経験しましたが、1991年のソ連崩壊によりあっけなく勝負がつきました。米国は西側諸国とともに最大のライバルであるソ連との冷戦に勝利し、ソ連は崩壊したのです。

米国はまた、第二次世界大戦で敵として戦った日本とドイツに対しても警戒心を持ち続け、両国に対しても様々な方策を駆使しその勢力増大を抑えてきました。

そしてトランプ政権になり、米国が抑え込む相手は中国になりました。1980年代当時、米国通商代表部（USTR：Office of the United States Trade Representative）代表で日本叩きの先頭に立っていたのがロバート・ライトハイザーですが、彼は今もU

ＳＴＲ代表として中国に対する貿易戦争を仕掛けています。現在進行中の米中貿易戦争は、ライバル国の台頭を許さない覇権国米国の必然的な行動なのです。

ハーバード大学グレアム・アリソン教授の〝運命づけられた戦争〟

ハーバード大学のグレアム・アリソン教授が、２０１７年5月に出版した著書〝運命づけられた戦争〟〝Destined for War〟※3（邦訳『米中戦争前夜』藤原朝子訳、ダイヤモンド社）で以下のように書いています。

アリソン教授は、多くの中国専門家に対して「習近平は、近い将来、アジアにおいて米国にとって代わる覇権国になりますか？」と質問したが、その大部分の者はのらりくらりとその質問を避けたそうです。しかし、習近平の政治的なメンターであるリー・クアンユー初代シンガポール首相に対して同じ質問をすると、彼は「冗談を言っているのか」という驚きを示し、「もちろんだ。中国はアジアでナンバーワン、いつかは世界でナンバーワンになるという大志を抱いている」と明確に答えたそうです。

アリソン教授によると、中国の夢はトランプ大統領の〝Make America Great Again.〟

に対する〝Make China Great Again.〟だそうです。そして、その意味するところは次の4点で、その主張の背景には中国の中華思想があると指摘しています。

・欧米諸国によって侵略される以前のアジアにおける中国の卓越した優位性を取り戻す。
・本土の新疆《しんきょう》ウイグル自治区やチベットのみならず、台湾と香港を含んだ大中国の領土に対する支配を再び確立する。
・国境沿い及び隣接海域における中国の歴史的な影響圏を取り戻し、偉大な国家が他の諸国に対して常に要求してきたことだが、その影響圏に敬意を払わせる。
・世界の舞台において中国に対する他の大国の尊敬を命じる。

オバマ政権とトランプ政権の対中政策の比較

オバマ政権の対中政策では、「関与（engagement）とヘッジ（hedging）」という表

※3　Graham Allison, *Destined for war: Can America and China escape Thucydides's trap?*

現がよく使われました。中国とは関与を続け、国際社会のルールに従う国家に誘導していくが、関与が失敗した場合に備え、警戒と抑止を怠らないということです。

しかし、オバマ政権の初期の段階では、中国を脅威とする見方を採用せず、「中国の平和的台頭を歓迎する」という言葉を連発し、大国中国と折り合いをつけながら付き合っていこうとする言動が随所に見られました。例えば、2015年の国防戦略では〈我々は中国の台頭を支持し、国際安全保障の偉大なるパートナーとなることを奨励する。しかし、中国の行動はアジア太平洋地域に緊張をもたらしている。例えば、南シナ海のほとんど全域に対する中国の領土要求は国際法に沿っていない。国際社会は、引き続き中国に対して当該事項を強圧的にではなく協力的に解決することを要求する。〉と記述されています。この中国に対する評価は抑制的です。米国の歴史においてこれほど台頭するライバルに寛容な政権は例外でした。

一方、トランプ政権の対中政策は、オバマ政権の関与と協調に重心をおく、甘すぎるものからの180度の転換です。第二次世界大戦後の伝統的な米国に挑戦する大国の台頭を許さない厳しいものです。その具体的な表れが米中貿易戦争であり、米中ハイテク覇権争いなのです。

3　世界一の覇権国を目指す中国

習近平主席の「中国の夢」は「中華民族の偉大なる復興」

習近平は、国家の発展及び復興のヴィジョンを「中国の夢」と表現していますが、その夢とは「中華民族の偉大なる復興」です。彼は2013年の全国人民代表大会[※4]において、二つの100周年に関連づけた目標を発表しました。まず、共産党創設100周年にあたる2021年までに貧困を撲滅し、ややゆとりのある「小康社会」を実現すること。そして、中華人民共和国創建100周年にあたる2049年までに富強・民主・文明・調和の「社会主義現代化強国」を実現することです。以上の目標は、2015年版

※4　中国の国会に相当する機関で、唯一の立法機関で一院制の議会。

図1-1「中国の三段階発展戦略」

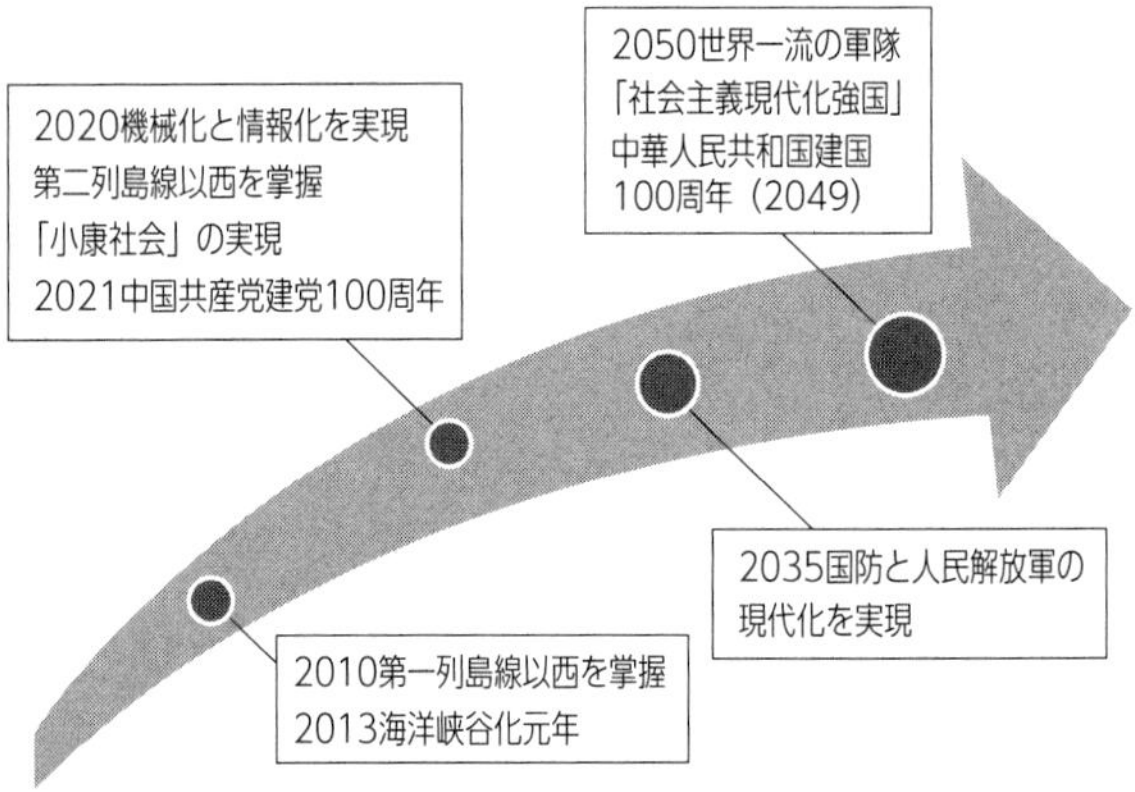

出典：台湾の国防報告を基に筆者が作成

中国『国防白書』でも記述され、軍事戦略の前提として理解されています。

そして、習近平は、２０１７年の第19回党大会で「中国人民解放軍に関する三段階発展戦略」を発表しました。まず、２０２０年までを第一段階として「軍の機械化と情報化を実現」する。２０２０年から２０３５年までを第二段階として「国防と人民解放軍の現代化を実現」する。２０３５年から２０５０年までを第三段階として「総合国力と国際的影響力において世界の先頭に立つ社会主義現代化強国を実現」することが目標です。

　さらに習主席は、２０１８年６月22日と23日の両日、北京で開催された「中央外事工作会議[※5]」で演説し、「中国はグローバルな統治を刷新するための道を指導しなければいけない」「中国は全世界における影響力を増大する」「新たな国際秩序の構築のために、中国主導の巨大な経済圏構想『一帯一路』や『アジアインフラ投資銀行（ＡＩＩＢ）[※6]』をさらに発展させる」などと発言しています。いずれにしろ、「中国が主導して、米国に対抗する世界の秩序を作る」ということです。

　中国の夢の背景には中国にとっての屈辱の１００年があります。つまり、中国は、イギリスが仕掛けたアヘン戦争（１８４０年）から中華人民共和国の誕生（１９４９年）までの屈辱の１００年を経験しました。習近平は、国家主席になった瞬間（２０１３年）から、「いまこそ、屈辱の１００年の恨みを晴らし、世界に攻勢をかけるべき時だ」と判断したのでしょう。彼は、鄧小平が主張した「韜光養晦《とうこうようかい》」を過早にも放棄してしまいました。「韜光養晦」は、「才能を隠しながら、内に力を蓄える」という考えですが、

※５　外交政策に関する重要会議で、過去２００６年と２０１４年の２回行われた。
※６　Asian Infrastructure Investment Bank

これを放棄し、極めて強圧的な姿勢で「米国に追いつき、追い越す」政策を推進してきました。世界一の大国になり、世界の覇権を握ることを目指す中国、それも米国などの知的財産を窃取するといった不公正なやり方で覇権国になろうとする中国に対するトランプ大統領の怒りが、米中貿易戦争や米中新冷戦という状況を引き起こしたのです。中国は「韜光養晦」を持続し、辛抱強く「その時」を待つべきだったのです。

科学技術大国を目指す中国

中国はいまや、スーパーコンピューター、量子技術（通信、暗号、コンピューターなど）、自動車生産数、携帯電話生産数などの分野で世界一です。習近平主席は、「科学技術大国を目指す」と公言し、科学技術で世界一の米国に肉薄している状況です。

世界の科学技術の進歩に連動した軍事の趨勢《すうせい》として兵器や戦い方のハイテク化があり、この分野における中国人民解放軍の進歩には著しいものがあります。

人民解放軍は、現代戦にとって不可欠なサイバー戦、電子戦、宇宙戦、人工知能や無人機システムの軍事利用などの分野で目覚ましい進歩を遂げています。中国が目指す科学技術大国化は、軍事大国化を可能にする要因になっています。

●中国の野望は「2030年までにAIで世界をリードすること」

現在、米国がAI分野における世界のリーダーになっていますが、中国は、AI分野において米国に追いつき、追い越すと決意しています。

中国共産党指導部は、AIを将来の最優先技術に指定し、2017年7月に「新世代のAI開発計画」を発表しましたが、そのなかで「中国は、2030年までにAIで世界をリードする」という野心的な目標を設定しています。そして、最先端のAI研究に大規模な予算を投入していますが、中国のAI投資額は米国を凌駕《りょうが》し世界第一位です。

中国は、既にAI先進国であり、AIに関する論文数では米国を上回り世界一であり、AIの特許出願数において米国に次ぐ第二位です。数のみではなく質の面でも中国は米国を猛追しています。

中国は多額のAI予算の投入、国内に存在する膨大なビッグデータ、最も優秀な人材を集め教育する能力などにより、AI分野で米国に激しく迫っていて、米国は手ごわい

図1-2「主要国の研究開発経費総額」

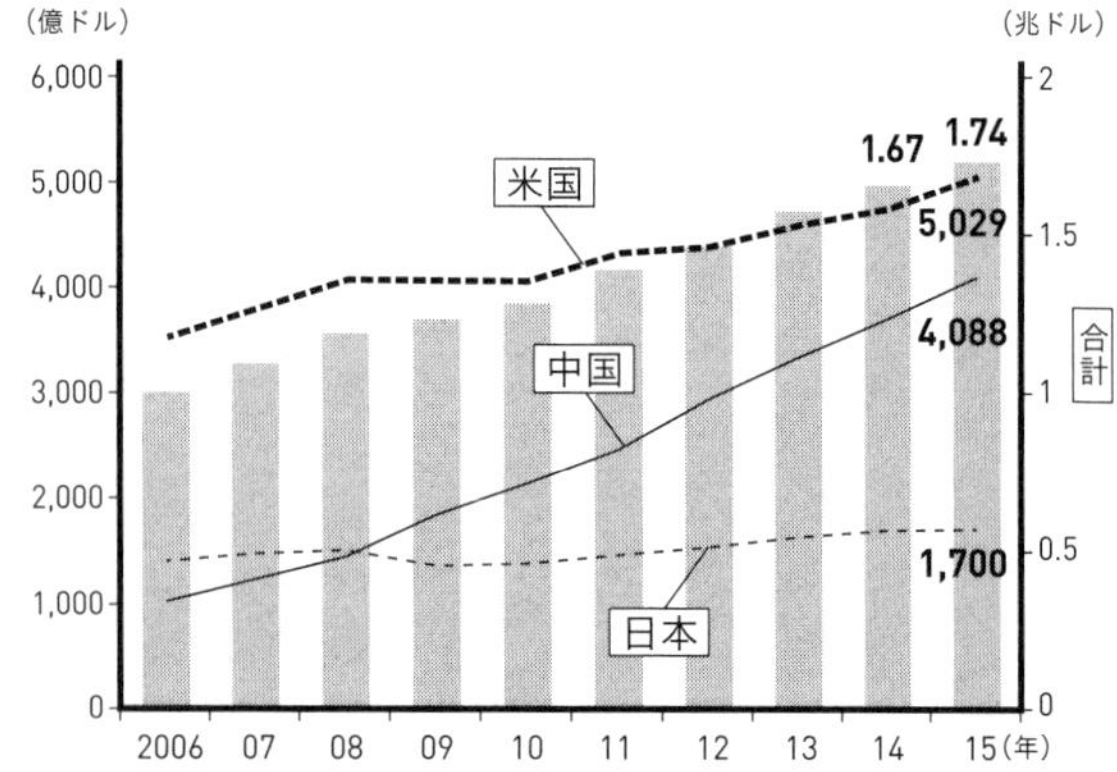

出典：経済産業省[※7]

ライバルと対峙しています。

●科学技術論文は米中2強の戦い

文部科学省所管の科学技術振興機構の調査によると、科学研究論文の引用数で、コンピューター科学や化学など4分野で中国が世界トップになりました。主要8分野を米国と分け合った形で、米国1強から「米中2強」の時代に突入したことになります。科学技術予算の急増のほか、海外在住の中国人研究者の獲得や若手教育などの政策が功を奏しています。

これに対して日本は科学研究論文の分野で低迷しています。

中国の躍進を支えるのが潤沢な資金と人材への投資です。2000年頃の研究開発費は官民合わせても450億ドル（5兆円）ほどでしたが、図1－2が示すように、2015年には4088億ドル（44兆円）と急拡大。1700億ドル（19兆円）の日本の2・4倍で、米国の5029億ドル（55兆円）に迫っています。

また、先進国で学んだ中国人研究者を呼び戻しているほか、留学や派遣を通じて海外の研究人脈と太いパイプを築いています。当分、米国優位は続くと見られますが、中国との差は縮小しそうです。

●科学技術大国を目指す中国のアキレス腱

トランプ大統領が仕掛けた貿易戦争で中国のアキレス腱《けん》が明確になりました。中国のスマートフォンや半導体チップなどの最先端の製品には、米国をはじめとする世界各国の最先端技術が使用されていて、その技術の提供を拒否されると生産ができなくなる事

※7　www.meti.go.jp/policy/economy/gijutsu_kakushin/tech_research/aohon/a17_2_1.pdf

実です。

とくに半導体製造の分野では、中国の半導体企業のファブレス化[※8]が進み、半導体の製造を台湾の半導体製造企業である台湾積体電路製造（ＴＳＭＣ）やユナイテッド・マイクロエレクトロニクス（ＵＭＣ）に依存しています。とくにＴＳＭＣは、世界最大の半導体製造企業であり、ファーウェイとＴＳＭＣとの協業関係は有名です。

このことは、中国の台湾統一のメリットとして、台湾の保有する最先端技術の確保という要素もあると指摘できます。

●中国による最先端技術の窃取への対処が喫緊の課題

中国は、なりふり構わずに、「科学技術強国」「２０３０を目標にしたＡＩ強国」「中国製造２０２５」の実現を目指しています。目標達成のために、米国をはじめとする諸外国からの先端技術の窃取を国家ぐるみで行っています。その手段は、サイバースパイ活動（ハッキング）、人によるスパイ活動（ＨＵＭＩＮＴ《ヒューミント》）、最先端技術を有する外国企業の買収、中国に進出する外国企業に先端技術情報の提供を強制する――といったものです。

これらの不法な情報窃取に対して危機感をあらわにする米国は、様々な手段を駆使してこれに対処しています。例えば、米司法省は、中国へ先端技術情報を持ち出す産業スパイの検挙を強化する「チャイナ・イニシアティブ」を実施しています。また、中国企業による米国ハイテク企業の買収禁止の措置などをとっていますし、米中貿易戦争に伴うハイテク製品の輸出禁止なども行っています。

また、「ウミガメ」と呼ばれる中国人への対処も重要です。ウミガメとは、米国に留学し、卒業後にＧＡＦＡなどの有名な民間企業で働き、最先端技術を身につけた後に、中国本土に帰りその技術を活用する人のことです。米国はこれを防ぐための措置（例えば中国人留学生の制限など）を検討しています。

台湾統一は、習近平の野望実現にとって優先順位の高い案件

台湾統一問題は、習近平の「中華民族の偉大なる復興」という目標実現のために、解

※8　メーカーが自らのコア事業に集中するために、自社で工場を持たないこと。

決しなければいけない大きな懸案事項です。中国当局の台湾に対する介入は、本土の経済成長と連動していて、本土の経済力が大きくなると、台湾の統一はより差し迫ったものになります。

中国当局は、台湾統一の方策を追求していますが、最終的手段として「力による台湾統一」を採用する可能性はあります。しかし、「戦わずして台湾統一」が実現できれば理想的で、そのために習近平の台湾戦略は、様々な分野（経済、政治、軍事、文化、社会、司法）への浸透工作に具体化されています。

中国当局は当面、台湾に対する「アメとムチ」政策を強化することになります。今までも、台湾人や台湾企業を中国本土に誘い込むために、本土の巨大な市場へのアクセスを許容し、台湾人の給料を上げ、台湾人を中国本土の人たちと同等に扱うなどの経済的なアメの政策を行ってきました。しかし、アメの政策が失敗すると、力による台湾の占領に動く可能性があります。

4　中国の安全保障戦略

ここでは、世界一の大国を目指す中国の安全保障戦略について記述します。

中国の戦略目標

米国防省の『中国の軍事力』（2017年版）によると、中国共産党の戦略目標は以下の6項目です。このなかで注目されるのが、「究極的には地域覇権を再び握る」という目標です。

・中国共産党の支配を永続させる。
・国内の安定を維持する。
・経済成長・発展を維持する。
・国家の尊厳及び領土的統一を防衛する。
・中国の大国としての地位を確実にし、究極的には地域覇権を再び握る。

・中国の海外権益を擁護する。

以上の戦略目標を達成するために、2015年、中国国内の政治・経済的安定及び中国の対外的な安全保障を網羅した広範囲な分野を規定する「国家安全法」が成立しました。

軍事戦略

中国の軍事戦略を理解するために不可欠な文書は、軍事科学院軍事戦略研究部が出版した『戦略学』、中国国防省が発表した『国防白書』（とくに軍事戦略に焦点を当てた『2015年版国防白書』）、そして米国防省の報告書『中国の軍事力』です。

とくに『戦略学』は、人民解放軍の最高学術機関である軍事科学院が出版した文書であり、中国の戦略を語る際には不可欠な文書です。

以下に、上記3種類の文書に共通して出てくるキーワードを中心に解説します。

●積極防御（Active Defense：アクティブディフェンス）

中国の軍事戦略に関する不変のキーワードは積極防御です。積極防御戦略は毛沢東以来受け継がれてきた戦略で、「積極防御戦略が中国共産党の軍事戦略の基本であり、戦略上は防御、自衛及び後発制人[※9]を堅持する」という表現が長く踏襲されてきました。

積極防御をさらに分かりやすく四つの原則で説明しますが、中国側のプロパガンダ色が濃くなっています。

①中国は、先制攻撃をしない。
②中国は、戦争が生起する前に、軍事的または政治的にそれを抑止するように努める。
③中国は、相手の攻撃には攻勢的行動で対処し、敵部隊の撃破を追求する。
④中国は、核兵器を使用したり、核兵器で脅したりする最初の国にはならない。

※9　中国語の表現で、「敵に攻撃されたあとに、これに反撃し撃破する」という意味。

上記の四原則にもかかわらず、中国は現代戦においては先制攻撃が圧倒的に有利であることをよく理解しています。中国はいまや、宇宙やサイバー空間における先制攻撃は避けられないと認識するとともに、「作戦・戦闘上は積極的な攻勢行動と先機制敵[※10]の採用を重視する」と表現しています。

つまり戦略レベルでは伝統的な建前である「積極防御」と「後発制人」を主張し、作戦及び戦闘レベルでは現代戦における戦勝獲得のための「積極的な攻勢行動」と「先機制敵」という本音を主張しているのです。

なお、歴史を振り返ると、中国の「後発制人」は建前にすぎず、中国は朝鮮戦争においても先制攻撃を行い、インド・ソ連・ベトナムとの国境紛争においても先制攻撃を行っています。

●情報化条件下における局地戦争の追求

人民解放軍は、現代戦の特色を情報戦、デジタル戦、ネットワーク戦として認識しています。人民解放軍は、米軍のことをよく研究しその長所を徹底的に模倣していますが、とくに米軍が情報通信技術（インターネット、衛星通信、パソコン、スマートフォンなどの通信技術）を見事に活用して達成した「軍事における革命（ＲＭＡ）[※11]」を高く評価し、模倣しています。ＲＭＡとは、米軍が情報通信技術を活用し、指揮・統制・通信・情報・火力打撃・兵站《へいたん》[※12]などの軍事全般にもたらした革命のことです。とくに情報の分野における革命は「情報ＲＭＡ」と呼ばれ、新たなＩＣＴを駆使し、迅速に目標を発見し、遠く離れた地域に展開する味方部隊にほぼリアルタイムの情報を提供し、部隊はその情報に基づき火力を迅速に発揮することが可能になりました。そして、米軍における情報ＲＭＡの威力は、第一次湾岸戦争（イラクのサダム・フセインがクウェートを攻撃したことにより勃発した戦争）の際に遺憾なく発揮されました。

人民解放軍は、第一次湾岸戦争における米軍の作戦を研究し、その本質が情報ＲＭＡであることを理解し、現代戦の特徴を「情報化」と表現したのです。人民解放軍のいう

※10　中国語の表現で、「敵に先んじてチャンスを活用し、敵を制する」という意味。
※11　Revolution in Military Affairs
※12　兵站とは物資の調達・補給・整備、人員・物資等の輸送、衛生など部隊の作戦を支援する業務のこと。

情報化は、作戦全般の特色を「情報の働き」の観点で理解した用語です。

1993年に「局地戦争に勝利すること」が軍事闘争準備[※13]の基本となりましたが、2004年には「情報化環境下における局地戦争に勝利すること」と修正されました。中国の言う局地とは国境付近、海の領域、空の領域であり、日本の尖閣諸島や南西諸島は局地戦争の舞台となりうる領域です。

作戦ドクトリン

●一体化統合作戦（Integrated Joint Operations）

人民解放軍は、各軍種（陸・海・空・ロケット軍）が協力して作戦を実施する統合作戦の重要性を認識し、統合作戦を行わなければ技術的に優れた他国の軍隊（とくに米軍）に勝てないと認識しています。

そのため、人民解放軍は当初、米軍式の統合作戦を模倣していましたが、いまや統合作戦を「一体化統合作戦」と言い換え、中国なりの特徴を出しています。人民解放軍が統合作戦の訓練を積み重ねた結果、ただ単に複数の軍種による統合作戦だけでは実際的ではないと認識したからです。そして、複数の軍種による統合作戦だけではなく、情報、兵站支援、非軍事勢力（警察、国民など）の活用も加えた「一体化統合作戦」という考えを採用するに至ったのです。

●短期限定作戦

人民解放軍は、現段階において、戦力に勝る米軍と本格的な戦争をしようとは考えていません。しかし、人民解放軍は、短期で地域を限定した作戦を実施し、米軍が本格的な行動を開始する前に決着をつける考えを持っています。

人民解放軍の作戦の基本は、陸海空の通常戦力のみならず、弾道ミサイル、衛星破壊兵器、サイバー・電子戦能力さらには特殊部隊や武装民兵等を活用し、あらゆる作戦領域において米軍の脆弱《ぜいじゃく》性（アキレス腱）を攻撃することです。人民解放軍が米軍のアキ

※13　軍事闘争の準備は、将来の戦闘に備えて即応態勢を高めること。軍事闘争の準備で強調されているのはICTを活用した指揮統制システムや情報システムの重要性である。

レス腱として認識しているのは、米軍の兵力展開の基盤となる前方展開基地、航空母艦、米軍の作戦・戦闘の基盤であるC４ＩＳＲ（Command,Control,Communications,Computers, Intelligence, Surveillance, Reconnaissance＝指揮、統制、通信、コンピューター、情報、監視、偵察）機能や兵站機能です。人民解放軍は、これらを封殺することによって米軍の戦力発揮を妨害し、人民解放軍の作戦への介入を断念せざるを得ない状況にすることを狙いとしています。

●情報戦（Information Warfare）

情報戦とは、情報を使った戦いのことです。局地戦争において重要な原則が情報戦で、情報戦が将来の戦争において中心的役割を果たすと人民解放軍は認識しています。情報戦においては情報の優越（情報の量、質、情報入手・分析のスピードなどで敵に勝ること）が強調され、敵よりも早く情報を入手し、その情報を迅速に処理し、その処理した情報を関係部隊に伝達する――この情報のサイクルを最適に実施し、情報戦で敵に勝つことが、将来の作戦における勝利にとって極めて重要であると認識しています。また、人民解放軍の「情報戦」の範囲は広く、工作活動、スパイ活動・偵察・監視、サイバー戦（サイバー空間での戦い）、電子戦（通信妨害など電磁波※14を活用した戦い）など情報が関与するすべての作戦を含んだものとして使用される傾向にあります。

人民解放軍は、作戦初期における（電子戦などで使用される）電磁波領域※15の支配を戦勝獲得のために非常に重視し、その作戦を「統合ネットワーク・電子戦」と呼んでいます。この「統合ネットワーク・電子戦」においては、サイバー戦、電子戦、火力打撃等で敵の情報システムを破壊します。

人民解放軍が電磁スペクトル領域の支配を強調するのは筋が通っています。次ページの図1－3「六つのドメイン（作戦領域）」を見てください。米軍は、従来、作戦領域を陸・海・空・宇宙・サイバー空間の五つのドメインと表現してきましたが、いまや電

※14　空間の電波と磁場によってできる波のことで、例えば光や電波など。
※15　電磁波領域とは、超低周波（長波長側）から赤外線、可視光線を経て、非常に高周波で波長の短いガンマ線（短波長側）までのすべての電磁波の周波数帯域のこと。軍事においては、電磁波の周波数帯域すべてを使って作戦を実施していて、不可欠なドメインである。

図1-3「六つのドメイン（作戦領域）」

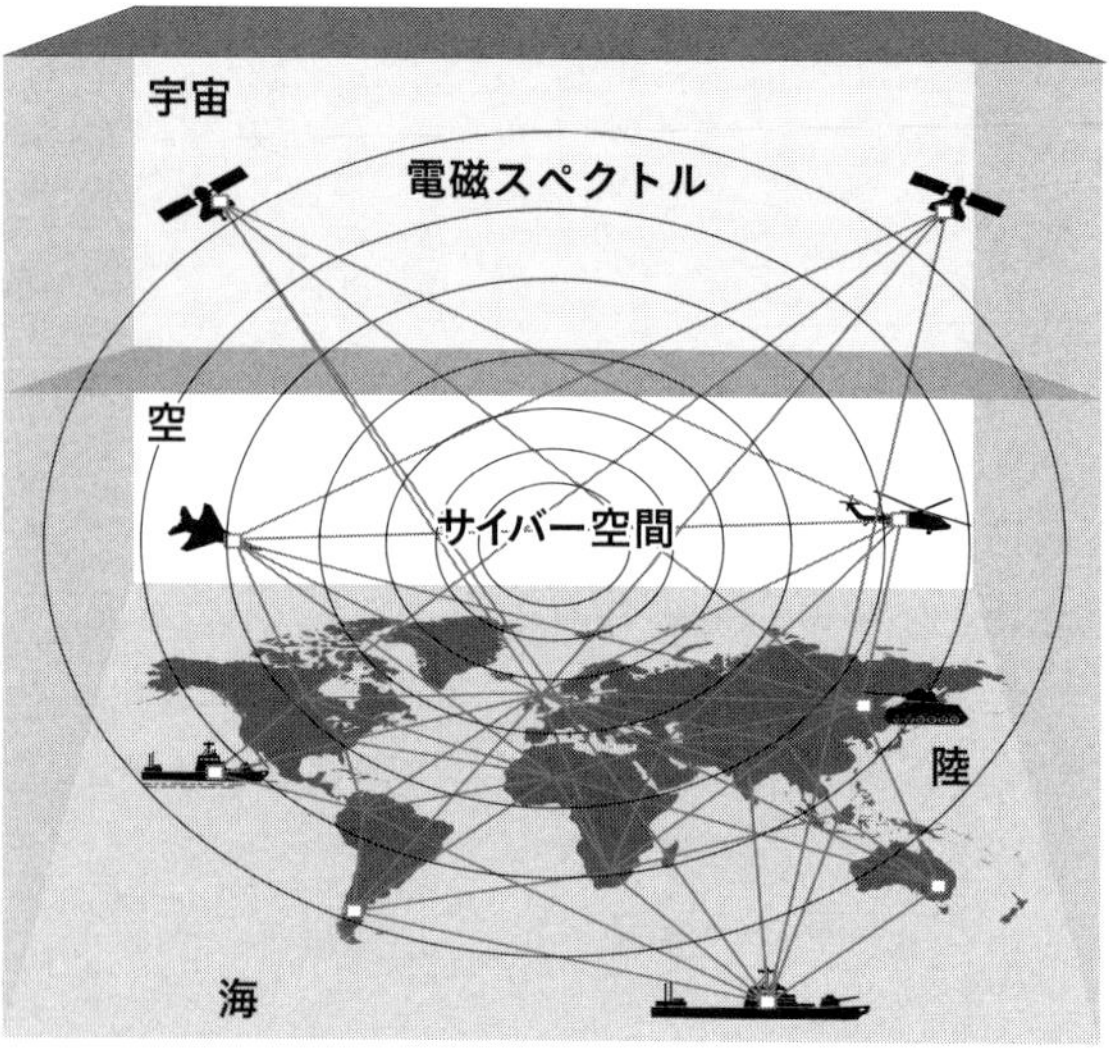

出典：米陸軍のFM3-38 Cyber Electromagnetic Activities

子戦などで使用する電磁波領域の支配を強調し、電磁波領域を第六のドメインと規定しています。中国は米軍のことを徹底的に研究し、電磁波領域が他の領域での作戦を支援し、作戦全般に影響を与える重要な領域であることを認識しています。

●サイバー戦
（Cyber Warfare）

習近平は、サイバー空間を安全保障面で非常に重要なドメイン（作戦領域）と認識し、「中国はサイバー強国を目指す」と宣言しています。サイバー戦は、中国の戦略の中心的な要素となっていて、「統合ネットワーク・電子戦」と「情報化環境下における局地戦」の重要な要素として発展してきました。

・国家ぐるみのサイバー戦

中国のサイバー戦は、〝国家ぐるみ〟で行われます。人民解放軍、軍以外の公的機関（情報機関、治安機関など）、企業、個人のハッカーがすべてサイバー戦に関与します。そして、サイバー戦全体を統括する役割を担っているのが人民解放軍です。中国軍事科学院の『戦略学』（２０１３年版）によると、人民解放軍には特別軍事ネットワーク戦争部隊が存在し、サイバー戦（攻撃及び防御）を実施します。さらに、人民解放軍がサイバー戦の権限を付与する政府組織として、国家安全部（国務院に所属する情報機関）や公安部（人民警察、人民武装警察）が存在しますが、サイバー戦を実施する場合には人民解放軍の許可が必要です。

また、非政府の民間組織は、自発的にサイバー戦に参加していますが、必要なときには人民解放軍がその活動をコントロールし、人民解放軍統制下でサイバー戦を実施します。とくに有事においては国家の指示で個人・企業もサイバー戦に動員されることになっています。

中国のサイバー戦の顕著な特徴は、防御的サイバー戦のみならず、攻撃的サイバー戦を躊躇《ちゅうちょ》なく行う点です。

中国は国家レベルでサイバー空間の統制を強化しています。そのうちサイバー空間を監視し、外部からの攻撃に対して防御的サイバー戦を担うのが、グレートファイアウォール（大きな壁）で、いわば、サイバー空間における万里の長城です。他方、攻撃的サイバー戦を担うシステムがグレートキャノン（大砲）です。中国国内のネット網に入ってくる者をグレートファイアウォールで識別・選別し、悪意ある侵入者だと判断すれば中国のインターネットへのアクセスを拒否します。さらにグレートキャノンを使って、悪意のある侵入者に対し、自動的に報復するシステムを国家レベルで構築しているのです。※16

●非対称戦

弱者は、強者に対して正攻法（例えば戦闘機対戦闘機、戦車対戦車などの同じ兵器同士の戦い。これを対称戦と呼ぶ）で戦えば負けてしまいます。そこで弱者が採用するのが非対称戦で、敵の得意とする兵器や戦法と同じ兵器や戦法で戦いません。人民解放軍が米軍と真正面から対決したとしても勝てないので、米軍の弱い部分に対して戦いを挑むことになります。強者の弱点を狙うなど、強者を相手にしても勝てる兵器や戦法で挑む作戦を非対称戦と言います。

具体的な例としては、人民解放軍が得意とする宇宙戦で米国の衛星を破壊して、米軍の作戦中枢機能（Ｃ４ＩＳＲ）を機能不全にして勝利することです。また、相手の正規軍に対して海上民兵などの非正規組織を使った作戦を実施することなども典型的な非対称戦になります。

※16　University of Toronto The Citizen Lab, *China's Great Cannon* https://citizenlab.ca/2015/04/chinas-great-cannon/

●三戦

三戦とは、2003年に中央軍事委員会が正式に採択した「中国人民解放軍政治工作条例」に記述されている世論戦、心理戦、法律戦のことです。

世論戦は、味方の敢闘精神の鼓舞、敵の戦闘意欲の減退を目的として、内外世論の醸成を図る作戦です。

心理戦は、敵の抵抗意志の破砕を目的とする作戦のこと。作戦の具体的手段としては、宣伝、威嚇、欺騙《ぎへん》（味方の意図と能力を隠すため、敵に誤った情報を計画的に与える作戦）、離間（味方同士の仲たがい）、心理防護（自らの心理を防護すること）があります。

法律戦は、味方の武力行使、作戦行動の合法性を確保し、敵の違法性を暴き、第三国の干渉を阻止することで味方を主動、敵を受動の立場におくことを目的とする作戦です。

●三本の列島線

中国の解釈では、第一列島線は、カムチャツカ半島、千島列島、日本列島、南西諸島、台湾、フィリピン、大スンダ列島を結ぶ線です。第二列島線は、カムチャツカ半島、千

図1-4「第一列島線～第三列島線」

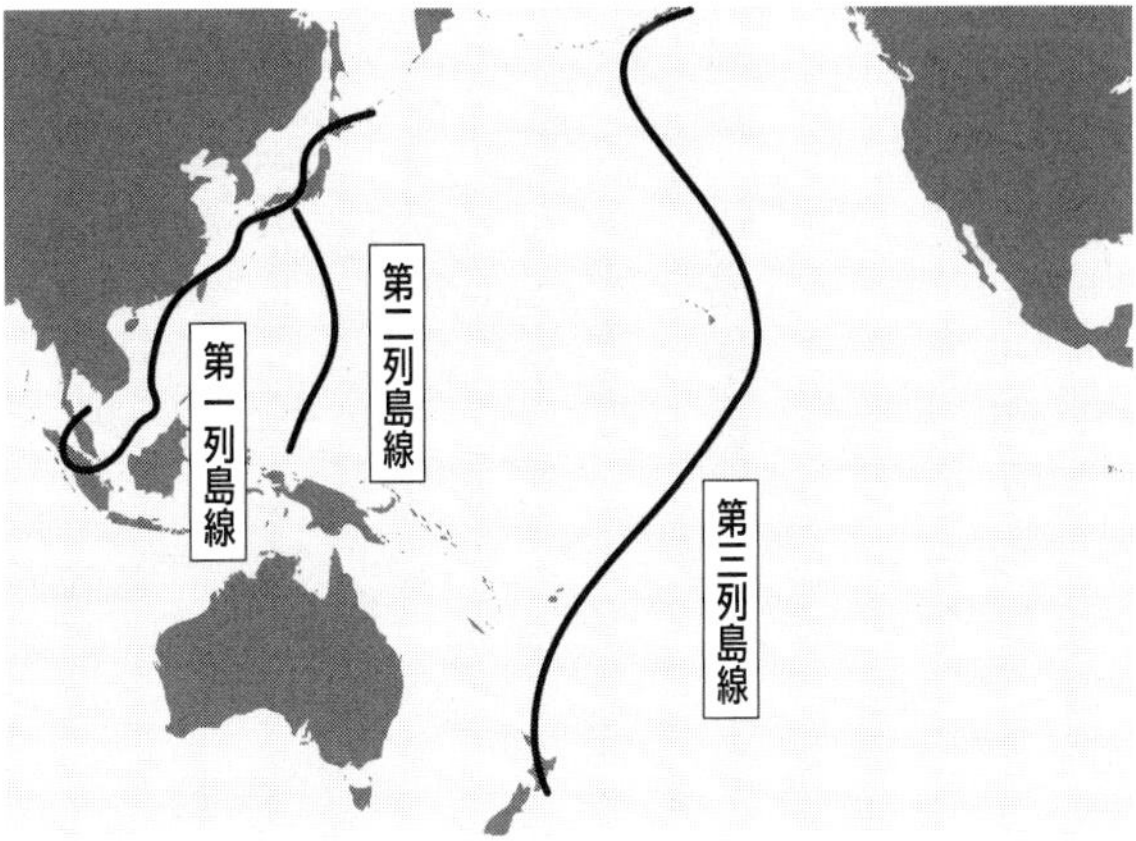

出典：筆者作成

島列島、日本列島の一部、伊豆諸島、小笠原諸島、グアム・サイパン、パプアニューギニアに至る線です。そして、第三列島線は、アリューシャン～ハワイ諸島～ポリネシア～ニュージーランドを結ぶ列島線でその核心はハワイ諸島です。

　人民解放軍海軍にとって、第一列島線の内側が「近海」であり、１９８２年に「近海防御戦略」を策定しました。第一列島線の外側が「遠海」であり、遠海での防御が「遠海防御」です。中国海軍近代化の父と呼ばれる劉華清《リュウファチン》が１９８５年に近海防御戦略の再検討を主導し、より中国本土から離れた場所で敵を迎撃する「積極防御戦略」が採用されました。

日本と台湾はともに、第一列島線の重要な部分を構成する国家であり、有事において人民解放軍が大平洋に進出する際には、両国が大きな障害となります。最近、人民解放軍の爆撃機、戦闘機、空母等の艦艇が第一列島線を越えて作戦することが多くなっていますが、それは第一列島線を人民解放軍がコントロール（支配）したことを前提とした行動です。人民解放軍が台湾を占領し、そこ（空港や港など）を根拠地として作戦すると、日本の南西諸島などに大きな脅威が及ぶことになります。

「接近阻止／領域拒否戦略」

「接近阻止／領域拒否（A2／AD：Anti-Access／Area Denial）」戦略は、強大な米軍にいかに勝利するかを徹底的に検討した末に導き出された人民解放軍の戦略です。

接近阻止（A2）の目的は、「米軍の東シナ海や南シナ海への緊急展開を妨害し、第二列島線内に米海軍の艦艇を進入させないこと」です。

図1-5「中国の重層的なA2／AD能力」

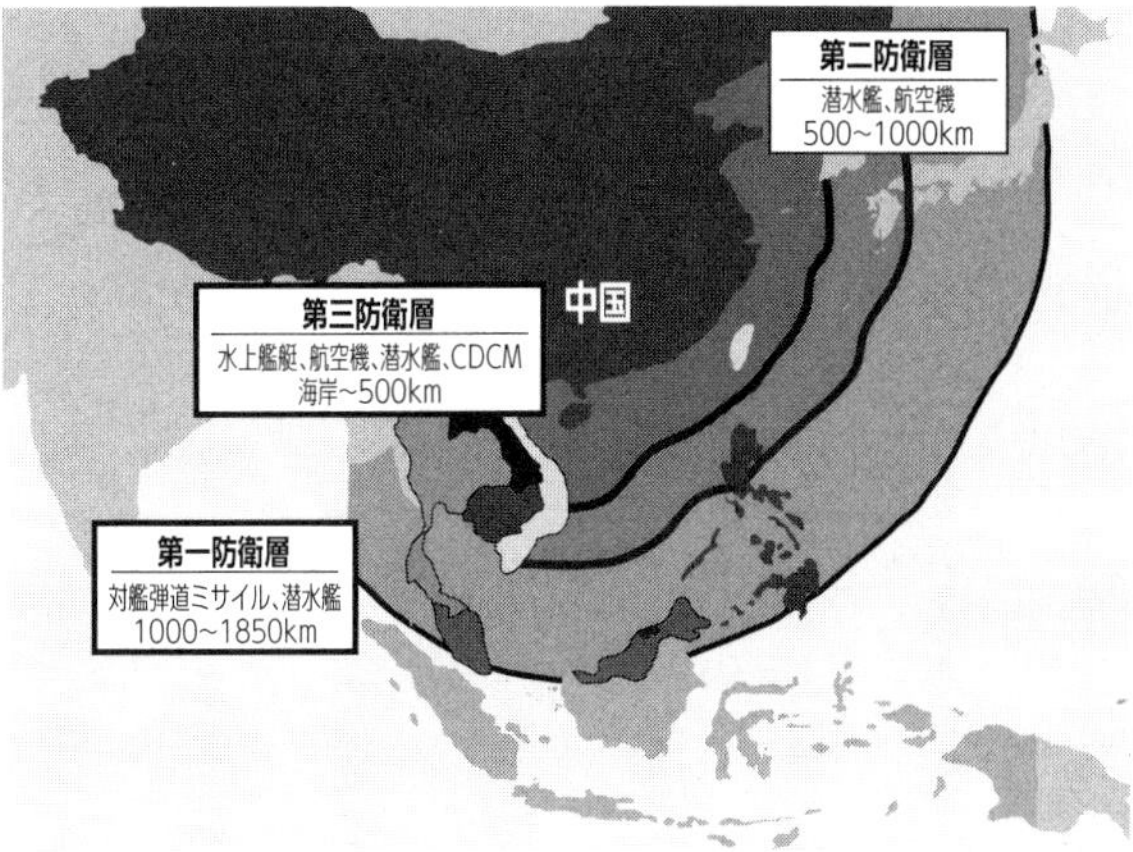

出典：米海軍情報局（ONI）

領域拒否（AD）の目的は、米軍の第二列島線内への接近を許したとしても、「米軍による作戦地域の利用を拒否すること」、例えば南西諸島の使用を拒否することです。

図1-5は、米海軍が認識する中国のA2／AD（三層防御態勢）を示しています。第一防衛層（一番外側）は対艦弾道ミサイルと潜水艦によって構成され、距離的には1000～1850km。第二防衛層は潜水艦と航空機によって構成され、距離的には500～1000km。第三防衛層（一番内側）は水上艦艇、潜水艦と沿岸防御巡航ミ

サイルによって構成され、距離的には０～５００km。Ａ２／ＡＤ能力の骨幹は中・長距離ミサイルです。

中国の軍事侵攻

私が懸念するのは、中国が世界一の強国を目指す過程において、手頃な相手に対して「短期限定作戦」を行う可能性です。習近平は、２０１８年1月3日、中部戦区を訪問した際に、「国家防衛にあたっては、苦難も死も恐れてはならない。任務を遂行するために、常に戦備を整えて臨戦態勢を取り、必ず勝利できる強力な精鋭部隊を創設せよ」と過激な演説を実施しました。この演説は、短期限定作戦を念頭においた可能性がありま す。

●中国の短期限定作戦が起こりうる地域

今後、発生が予想される「短期限定作戦」の舞台は、中国と台湾、中国とインドとの国境付近、朝鮮半島、南シナ海、東シナ海ですが、中国は台湾を一番重視しています。

人民解放軍の演習における紛争シナリオの80％は台湾紛争です。「習近平主席は、中国共産党結党100周年にあたる2021年までに台湾を占領したいと願っている」という噂《うわさ》が一時的に流布されたことがあります。

次いで、衝突の可能性があるのは、インドとの国境周辺地域（例えばドクラム高地）であり、2017年には両国軍隊が対峙した事件がありました。

また、朝鮮半島紛争シナリオもあります。北朝鮮の金正恩《キムジョンウン》が核・ミサイル開発を強引に推し進め、米国の脅威になったならば、米国は北朝鮮に対する攻撃を行う可能性があります。その際に米軍と人民解放軍が激突する可能性があります。

また、南シナ海においても「短期限定作戦」の可能性があります。

当然ながら、我が国の尖閣諸島を含む南西諸島でも紛争の可能性があり、現在自衛隊が推進している南西諸島防衛態勢の強化が急務となっています。

第二章

米国の安全保障戦略

この章では米中の覇権争いの本質を理解するために不可欠な米国の戦略や作戦構想について紹介します。まず大統領が発表する国家安全保障戦略（National Security Strategy、以下NSS）、そのNSSを受けて国防長官が発表する国家防衛戦略（National Defense Strategy、以下NDS）を紹介します。次いで、中国のA2／ADに対抗するために米海軍と空軍を中心として作成された作戦構想エア・シー・バトル（Air Sea Battle、以下ASB）を紹介し、最後に米国のシンクタンク「戦略予算評価センター（CSBA）」が発表した「海洋プレッシャー戦略」について紹介します。この「海洋プレッシャー戦略」は、ASBや自衛隊の南西諸島防衛と深い関係のある作戦構想で、今後の日本を取り巻く安全保障を考える際に重要な構想です。

1　国家安全保障戦略

トランプ大統領は、２０１７年12月18日、大統領就任以来初のNSSを発表しました。このNSSをひと言で表現すると、トランプ大統領らしい「アメリカ・ファースト」の

ＮＳＳになっています。

このＮＳＳで特筆されるのが、２００１年のニューヨーク同時多発テロから継続してきた対テロ戦争の重視ではなく、中国・ロシアを相手とした「大国間競争」を宣言したことです。この脅威認識の転換が米中覇権争いに直結することになります。

以下、ＮＳＳの主要点について説明します。

アメリカ・ファーストが最優先

国家安全保障戦略は、国益を中心としてアメリカ・ファーストを最優先し、他国とくに中国及びロシアと競争することになっています。

米国にとって死活的に重要な国益は四つあり、①国土、米国民、米国の生活様式を守ること、②米国の繁栄を増進すること、③「力による平和」を堅持すること、④米国の影響力を増大すること――です。

なお、「力による平和」は、トランプ氏が２０１６年の大統領選挙期間中に打ち出したキャッチフレーズで、このＮＳＳでも強調され、①グローバルな力の均衡が米国に決定的に有利になるように競争すること、②米国の競争力（宇宙及びサイバー空間での競争力を含む）を強化し、無視されてきた核抑止力を再活性化することに重点がおかれています。

大国間の競争の時代

現在の国際情勢について、「我々は、競争世界を生きている。グローバルな力の均衡は、米国の国益にとって望ましくない方向にシフトしている」と認識し、NSSがこのトレンドを変え、米国が勢いを取り戻す方策を提示すると記述しています。

とくに、中国とロシアについては、「過去20年間、中国とロシアに対する関与政策[※1]により、中ロを国際機関やグローバルな経済秩序に受け入れ、中ロが信頼できるパートナーになることを期待したが、失敗に終わった」「中国とロシアは、米国のパワー・影響力・国益に挑戦し、米国の安全と繁栄を侵食している」「中国とロシアは、修正主義勢力（revisionist power）[※2]で、米国の価値観及び利害と正反対の世界を作り上げようとしている」「中国は、インド太平洋地域から米国を追い出し、国家主導の経済モデルの影響圏を拡大し、当該地域を都合の良い方向に作り替えようとしている」と厳しく批判しています。
とくに中国に対する厳しい認識が米中貿易戦争や米中覇権争いの背景になっています。

米国の同盟国・友好国との協調

中国及びロシアとの大国間競争において、米国単独で対処するのではなく、同盟国及び友好国との協調を重視しています。この点は、同盟国及び友好国との協調に無頓着なトランプ大統領の考えとは対照的で、当時国防長官であったジェームズ・マティスなどのトランプ政権の優れたスタッフの影響が色濃く出ていると言えるでしょう。

ＮＳＳでは、「同盟国及び友好国と協調し、いかなる敵性国家にも欧州、インド太平洋地域、中東を支配させない」「米国の同盟国と友好国は、米国の国力を増大し、米国と共有する利益を守る存在だ。我々は、世界的な関与を続けるが、同盟国が米国と共通

※1　冷戦後の中国に対する政策が典型的な関与政策。相手国の独裁的な体制を認めないが、経済的な交流を進め、世界貿易機関（ＷＴＯ）加盟を認めるなど、国際社会に相手国をとり込むことにより、相手国の民主的な体制への移行を促進しようとする政策。
※2　修正主義勢力とは、米国が築き上げてきた現実にある秩序を変更しようとする国々のこと。

の防衛責務を公正に負担することを期待する」と記述されています。

「同盟国及び友好国との協調」は、現在のマーク・エスパー国防長官にも受け継がれている極めて妥当な考え方です。

2　国家防衛戦略

2018年に発表されたNDSは、前述のNSSを受けて当時のジェームズ・マティス国防長官が発表したものであり、マティス色の強いNDSに仕上がっています。

国防省の任務

NDSで最初に出てくるのが国防省の任務です。国防省の任務について「国防省の変わらない任務は、戦争を抑止し、国家の安全を保障するに必要な信頼できる戦闘能力を備えた軍事力を提供することだ」とし、「もし抑止が失敗したとしても、統合軍は勝利する準備ができている」「米国の伝統的な外交ツールを補強しつつ、国防省は、大統領と外交官が『力を背景とした立場』で交渉するために軍事的選択肢を提供する」と記述しています。

マティスのＮＤＳの真骨頂は「国防省は、大統領と外交官が『力を背景とした立場』で交渉するために軍事的選択肢を提供する」という記述です。非常にバランスのとれた考えだと思います。

戦略的環境

ＮＤＳの特色の一つに戦略的環境に対する厳しい評価があります。ＮＤＳでは、「今日、我々は、米国の軍事的競争における優位性が劣化していることを認識する時代、つまり『戦略的衰退（strategic atrophy）の時代』を生きている」「長期的なルールに基づく国際秩序が後退し、我々はグローバルな無秩序に直面している。その無秩序が、安全保障環境を過去に経験した以上に複雑かつ流動的にしている」「テロリズムではなく、大国間の戦略的競争が米国の国家安全保障の主要な懸念になっている」と記述しています。米国が「『戦略的衰退の時代』を生きている」という認識こそがマティスの深刻な認識だったのです。

そして中国に対しては、「中国は、戦略的競争相手である。中国は、軍事の近代化、影響作戦（influence operation）[※3]、略奪的な経済を使い、近隣諸国を脅し、南シナ海における軍事化を推進している。また、インド太平洋地域の秩序を自分に都合のいいように再編している」「中国は、引き続き経済的、軍事的台頭を続け、挙国一致の長期的戦略においてパワーを強調している。また、軍事近代化計画を推進し、近い将来にインド太平洋地域の覇権を追求し、米国を追い出し、将来におけるグローバル覇権を獲得しようとしている」と厳しい認識を示しています。

また、中国とロシアについて、「グローバルな秩序の内側から、その利益を利用しながら、同時にその諸原則の価値を貶《おとし》め、国際的な秩序を傷つけている」と批判しています。

参考までに、ロシアについては、「ロシアはＮＡＴＯを害し、欧州と中東の安全保障及び経済の構図を自国に有利になるように変えていこうとして、隣接国の政治的、経済的、外交的、安全保障上の決定を拒否する権力を追求している。ジョージア、クリミア、東ウクライナにおける民主的プロセスを貶め、転覆するために最新の技術を使うことは大きな懸念であるし、それが核戦力の拡大及び近代化と結びつくとその脅威は明らかだ」と批判しています。

また北朝鮮については、「ならず者国家である北朝鮮やイランは、核兵器の追求やテロリズムを支援することにより地域を不安定にしている。北朝鮮は、政権の生き残りの保証及び核・生物・化学・通常及び非通常兵器を追求することによる影響力の増大に努め、また弾道ミサイル能力の向上により韓国、日本及び米国に威嚇的な影響力を及ぼそうとしている」と記述しています。

米国の強みは同盟国・友好国とのネットワーク

米国が構築してきた互恵的な同盟やパートナーシップは、米国の競争相手やライバルが保持していないものであり、米国の戦略にとって必要不可欠なものです。

※3　2016年の米国大統領選挙の際にロシアが米国の民主主義に打撃を与え、特定の候補の当選のために行った作戦が影響作戦の一例。外交・軍事・経済・サイバー戦などの多様な手法を用いて、他国の世論形成や政策決定に影響を与える作戦。

NDSは、「米軍は、常に米国本土以外で戦っているが、本土から遠く離れた戦場での戦いは、戦力投射能力[※4]の観点では特段の措置が必要になる。米国の戦力投射能力の不足を補うのが米国の同盟国や友好国のネットワークだ」と記述しています。

そして、具体的な国名について、「米国の前方展開戦略を支えているのは米国の同盟国（日本、豪州、韓国、フィリピン、タイなど）と友好国だ。シンガポールは同盟国ではないが、米軍に施設を提供しているために大きな存在だ。そのほかにマレーシア、インドネシア、ベトナム、インドなどの存在も重要だ」「前方展開基地として、在日米軍基地の存在は非常に重要だ」と記述されています。

3　エア・シー・バトル構想

ASBの概要

米軍は、世界で最も先進的で経験豊かな軍隊ですが、中国人民解放軍は六つの作戦領域（ドメイン）すべてにおいて米軍に挑戦する強敵であり、その実力を侮ることはできません。

米中紛争を議論する際に、ＡＳＢを避けて通ることはできません。ＡＳＢは、中国の接近阻止／領域拒否（Ａ２／ＡＤ）の脅威に対抗するために、米海軍と空軍を中心として作成された作戦構想です。

ＡＳＢの対象年は２０３０年です。２０３０年の世界を予想し、急速に台頭する中国が２０３０年に経済的にも軍事的にも米国と肩を並べるか米国を抜き去る存在になったらどうするか。２０３０年における中国は、地域覇権国としての地位を確実にし、アジア・太平洋地域から米軍を排除する野望を実行に移すかもしれません。そのときに米中が本格的に衝突する可能性があります。

このＡＳＢは日本にも直接的な影響を与える作戦構想です。ＡＳＢが描くシナリオは米中対決の大規模戦争であり、戦場は第一列島線や第二列島線を含むアジア・太平洋地

※4　とくに海外での作戦遂行のために軍事力を準備し、それを作戦地域に展開（艦艇や爆撃機のように自ら機動するか、輸送してもらい移動）、作戦を実施する能力のこと。

域です。当然ながら第一列島線を構成する我が国も在日米軍基地を中心として戦場になります。ＡＳＢを紹介することは、日本有事や台湾有事などを紹介することでもあり、日本の防衛の在り方（例えば、集団的自衛権の問題など）が問われることになります。

ＡＳＢは、２０１０年に登場しました。バラク・オバマ政権の正式な作戦構想としては認められませんでしたが、いまでも統合参謀本部Ｊ－７のなかでＪＡＭ－ＧＣ[※5]として検討が継続されています。ＪＡＭ－ＧＣを直訳すると「国際公共財への接近及び機動のための統合構想」となります。国際公共財とは、人類が共有すべき領域（ドメイン）で、海、空、宇宙、サイバー空間などです。

このＡＳＢは、あとで紹介する「海洋プレッシャー戦略」や「インサイド・アウト防衛」とも密接な関係がありますので、以下に紹介します。

ＡＳＢの二段階作戦[※6]

ＡＳＢの特徴の一つは、人民解放軍による戦争初期の攻撃による被害を局限し、米軍にとって有利な長期戦に持ち込むことにあります。作戦実施にあたっては、日本と豪州が同盟国として行動するとともに、海・空兵力（注：陸上戦力である陸軍や海兵隊が欠けています）が一体となって任務を遂行します。この際、海、空、宇宙及びサイバー空間などのすべての領域において圧倒的な優位を保つことが前提となります。

作戦は次の二つのステージに区分され、米国の陸上戦力の投入は、空・海の優勢が確立し、陸上戦闘の態勢が整ったあとに実施されます。

●第一段作戦は防勢作戦

①サイバー空間及び宇宙空間を含めた六つのドメインすべてにおいて人民解放軍の先制攻撃に対処する必要があります。とくにサイバー戦、電子戦、宇宙戦による先制攻撃は必ず行われると覚悟すべきです。人民解放軍の先制攻撃に耐え、部隊及び基地の被害を最小限に食い止めるとともに、すべてのドメインにおける優越の奪回に努めます。

※5　ＪＡＭ-ＧＣ：Joint Concept for Access Maneuver in the Global Commons
※6　この項の記述は、ＣＳＢＡの〝AirSea Battle: A Point-of-Departure Operational Concept〟を中心として、Jeffrey E. Kline and Wayne P. Hughes〝BETWEEN PEACE AND THE AIR-SEA BATTLE〟などを参考にしている

第一段階の最も顕著な特徴は、米海軍と米空軍の主力兵器（空母や航空機）が人民解放軍の攻撃による被害極限のために一時的に後方に分散する点です。日本などの米国同盟国は、米海軍と米空軍の主力を欠いた状態で第一段階を耐えなければいけません。例えば、米空軍機は人民解放軍の先制攻撃の兆候を捉え、一時的に中国のミサイル攻撃圏外の飛行場（豪州、テニアン、パラオ、サイパン、日本の空港や自衛隊の基地等）へ分散します。そして米海軍の空母等の大型艦艇もDF－21Dなどの対艦ミサイルの射程外に分散・退避します。

第一段作戦で最も活発に活動するのが水中優勢を獲得している米軍及び同盟国軍の潜水艦であり、所要の海域（とくに第一列島線内の東シナ海や南シナ海など）に展開し中国海軍の潜水艦や水上艦艇を撃破する任務に従事します。また、海軍及び同盟国のイージス艦は、地上の防空部隊とともに前方基地のミサイル防衛に当たる予定です。

人民解放軍の大規模な先制攻撃に耐えるために、人民解放軍のミサイルによる先制攻撃の兆候を察知できるシステムを構築するとともに、グアムや日本にあるC4ISR（指揮・統制・通信・コンピューター・情報）システム及び主要基地の抗堪《こうたん》力（攻撃を受けた場合、被害を局限して生き残り、その機能を維持する性能）の向上、兵器や基地施設の分散化が必要です。

②盲目化作戦[※7]（C4ISRネットワークを破壊、混乱させること）を実施します。ASBにおいては、戦闘の鍵を握る緊要な目標を攻撃し、破壊することが極めて重要になります。このため、第一段作戦の重心は、敵のC4ISRネットワークを攻撃（盲目化）し、C4ISRの優越を獲得することにあります。作戦は宇宙・サイバー空間及び水中を含むすべてのドメインで遂行され、地上施設への精密爆撃やサイバー作戦、電子戦、さらには水中通信網の破壊等によって敵の宇宙監視システム、衛星破壊システム、OTHレーダー[※8]及び情報通信網等を無力化します。また、人民解放軍の遠距離情報偵察・攻撃システムを制圧します。敵のミサイルの脅威に対抗して空母を含む海軍の重要な兵器の行動の自由を確保するため、空軍は敵の宇宙配備型洋上監視システ

※7　Blinding Campaign
※8　OTH（Over the Horizon）レーダーは、水平線より遠い地域を観測するレーダーで、超水平線レーダーとも呼ばれている。

ムの盲目化を図るとともに、遠距離打撃兵力（爆撃機や弾道ミサイルなど）によって敵の情報通信中枢及び攻撃システムを無力化します。さらに、スタンドオフ兵器[※9]や長距離精密爆撃によって敵の地上配備型遠距離水上監視システム（ＯＴＨレーダーなど）及び弾道ミサイルの発射機を破壊します。海軍の潜水艦及び空母艦載機（航続距離の長いステルス機を運用している場合）等は、空軍による敵の防空システムの攻撃を可能にするため、敵防空システムの偵察及び攻撃支援を行います。

以上の盲目化作戦が成功して初めて、第二ステージに移行することができます。盲目化作戦の成功は、人民解放軍のＡ２／ＡＤ能力の大部分を無能化することを意味します。Ａ２／ＡＤ能力の大部分を無能化できれば、第二段階の攻勢作戦を安全かつ確実に実施することができます。

③作戦の終始を通じて、空、海、宇宙及びサイバー空間を制圧し、支配を維持するように努めます。各ドメインにおける各種作戦を継続しますが、この際、同盟国である日本の第一列島線における作戦（とくに南西諸島における作戦）に期待します。影が薄いのが陸のドメインを担当すべき米地上部隊の作戦です。

●第二段作戦は攻勢作戦

①盲目化作戦の成果を得て、一時後方に退避していた空母や空軍の航空機等が攻勢作戦に参加します。あらゆる領域において主導権（制海権、制空権、サイバー空間の優勢、宇宙の優勢など）を奪回し、それを維持する作戦を実行します。さらに、弾道ミサイル撃破及び遠距離情報偵察・攻撃システムの制圧作戦等を、スタンドオフ及び突破型の攻撃（F－35などのステルス機による攻撃）を併用して継続します。航空機による水上打撃戦及び第一列島線沿いの対潜水艦戦を継続的に実施します。

戦争を終結させることを考えると「撃破する目標」は、第一に中国海軍であり、第二に空軍です。つまり、撃破する目標は中国海軍の主要艦艇であり、中国空軍の航空機です。中国本土内の攻撃目標に関しては、C4ISRの弱点（指揮統制システムの弱点、移動させるのが難しいOTHレーダーなど）、空港、港となります。

そして、中国本土への縦深攻撃（深い内陸部までの攻撃）において、紛争のエスカレ

※9　相手の攻撃が届かないところ（スタンドオフ）から相手を攻撃できるミサイルなどの兵器。

ーションを避けるという観点は重要となります。

②「遠距離封鎖作戦」（経済封鎖につながる）を遂行します。

米軍及び同盟国は、遠距離封鎖を実施しますが、潜水艦により中国の艦船を沈没させるのではなく、海上阻止作戦[※10]を実施します。この際、南シナ海、インド洋、西太平洋にかけてのチョークポイント[※11]（マラッカ海峡、ロンボク海峡、スンダ海峡など）における作戦を重視します。

ASBに対する批判

ASBに関してはその登場以来、様々な批判がありました。例えば、ASBは中国本土縦深に対する攻撃も辞さないために核戦争にまでエスカレートする可能性があるという批判。ASBの中核となる兵器（例えば、F－35、長距離爆撃機、無人機システムなど）を整備するだけであまりにも膨大な軍事費が必要で金食い虫であるという批判。ASBではもっぱら米海軍と米空軍の予算獲得に焦点が当てられ、地上戦力の出番がなく統合作戦の視点を欠いているなどという批判です。

ＡＳＢに対するＣＳＢＡの改善案

筆者は、２０１５年３月にＣＳＢＡを訪問し、ＡＳＢと日本の防衛について議論をしてきました。その後もＣＳＢＡの研究者と意見交換を続けています。その交流を通して、ＡＳＢに対する批判を受けてＣＳＢＡが考えたＡＳＢの改善案が明らかになりました。その改善案を以下に紹介します。

●自衛隊の南西諸島防衛を参考に戦争のエスカレーションを避ける

ＣＳＢＡは、第一列島線の重要な一部である南西諸島の重要性と自衛隊による南西防衛の構想を深く理解していました。そして、自衛隊の構想をＡＳＢの改善に活用しています。南西防衛は、自衛隊の観点から見れば日本の防衛そのものですが、米国の観点からすれば、「自衛隊が人民解放軍に対して実施するＡ２／ＡＤ」だと考えたのです。そ

※10　MIO: Maritime Interdiction Operation。洋上での立ち入り検査や臨検を目的とした海上での行動。
※11　相手の自由な航行を制するに適する重要な航路が収束している部位など重要な海上水路。

して、南西防衛のように、同盟国が第一列島線で対処することにより、ＡＳＢで批判された戦争の核戦争へのエスカレーションを回避しようと考えたのです。

米国の理想は、第一列島線を構成する他の国々（台湾、フィリピン、インドネシア）も自衛隊の南西諸島防衛構想の趣旨を採用することです。これらの諸国による第一列島線防衛が実施されると戦争のエスカレーションが回避されるし、人民解放軍を第一列島線のなかに封じ込めることができます。

東シナ海・南シナ海で重要になるのが潜水艦、機雷、水中無人潜水艇（ＵＵＶ）による水中優勢の確保です。そして、各国はその領土において地上部隊が機動性のある地対艦ミサイルと地対空ミサイルにより、人民解放軍に対するＡ２／ＡＤ態勢を確立しようというものです。

ここで問題なのが各国の防衛能力に格差があることです。日本の場合は、南西防衛を実行する能力がありますが、その他の国々（台湾、フィリピン、インドネシアなど）に欠ける能力については米陸軍や海兵隊が補完し協力する案があります。

4　ランド研究所の「地対艦ミサイルによるチョークポイント防衛」

ＡＳＢが海軍と空軍が主導した作戦構想であるのに対して、米陸軍が著名なシンクタンク「ランド研究所」に提言を依頼して２０１３年に公表した陸軍の作戦構想が「地対艦ミサイルによるチョークポイント防衛」です。このチョークポイント防衛が自衛隊による南西諸島防衛や、あとで紹介する米国の第一列島線防衛に関わる作戦構想につながっていきます。

第一列島線による包囲網の構成

次ページ図２‐１の濃いグレーで囲まれた部分は艦艇が通過する際のチョークポイントです。チョークポイントは、海洋において海上航行を制する重要な地点であり、重要な航路が集約する場所などです。チョークポイントの典型は、マラッカ、スンダ、ロンボク、バシー、沖宮（宮古）などの海峡です。これらのチョークポイントを押さえてしま

図2-1「海上交通路のチョークポイント」

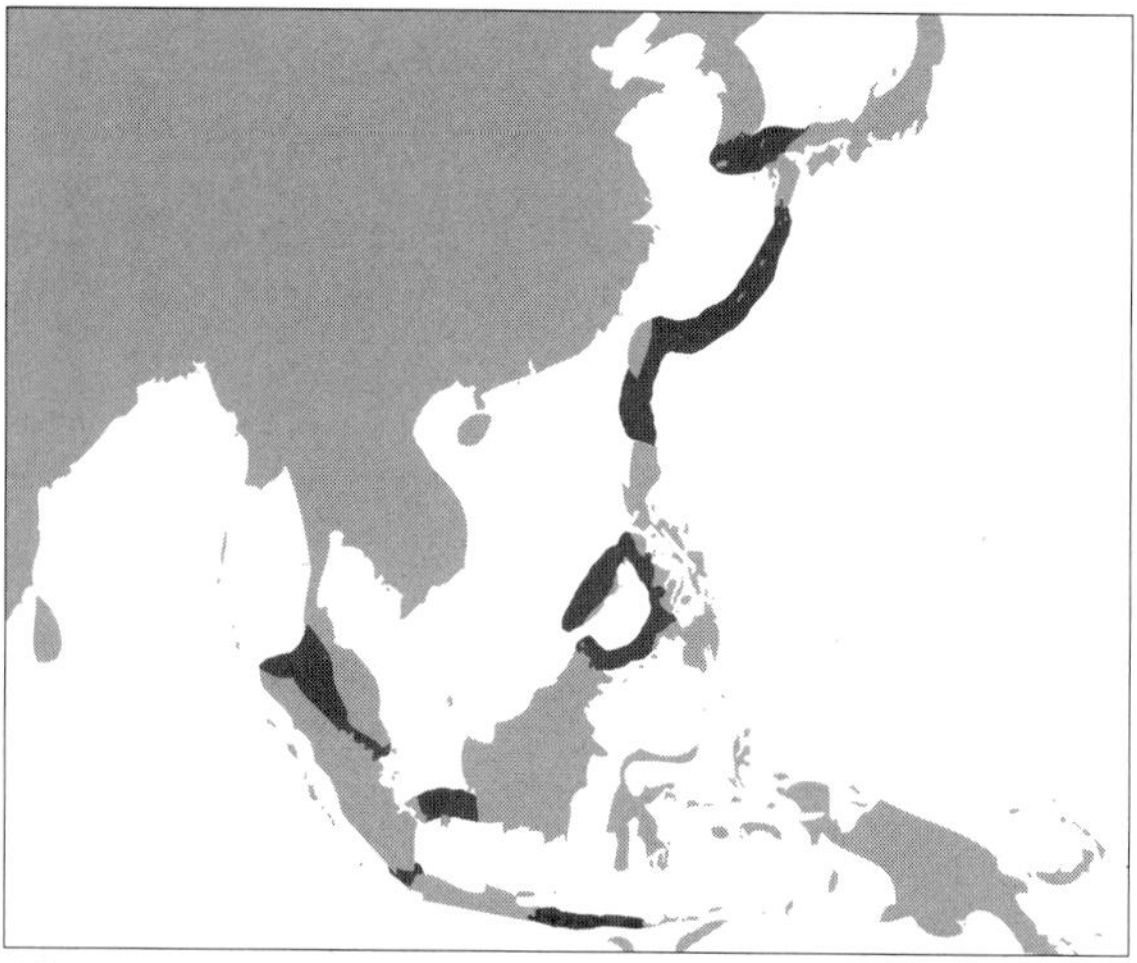

出典：RAND

うと、人民解放軍海軍は東シナ海や南シナ海の外側に展開することは不可能になります。

「地対艦ミサイルによるチョークポイント防衛」とは、このチョークポイントを通過する相手の艦艇を地上配備の地対艦ミサイルにより狙い撃ちしようというものです。

図の濃いグレー部分を制するように地上戦力を配置すると、中国に対する包囲網を構成することができます。

「地対艦ミサイルによるチョークポイント防衛」に最も適した場所

が日本の南西諸島です。陸上自衛隊が与那国島、石垣島、宮古島、沖縄本島、奄美大島にA2／AD部隊（陸自の地対艦誘導弾や地対空ミサイルなどの部隊）を配置することにより、人民解放軍の水上艦艇、潜水艦、航空機のチョークポイント通過を阻止することができます。

人民解放軍に対するA2／ADを実施する場所として南西諸島を核心として、韓国、台湾、フィリピン、インドネシア、マレーシアに拡大できれば、人民解放軍は第一列島線に封じ込められたかたちになります。

陸上自衛隊が南西諸島に地対艦ミサイルと地対空ミサイルを配備して対処する体制を整える。そして、台湾軍が台湾周辺において地対艦ミサイルで対処することになります。

一方、バシー海峡以南の各国の軍隊にはチョークポイント防衛を実施する有力な軍隊が存在しないので、米陸軍や米海兵隊が地対艦ミサイルや地対空ミサイルを装備して駐屯し、チョークポイント防衛に与えるべきであるというのがランド研究所の提案です。

米インド太平洋陸軍は、当初このランド研究所案に積極的ではなかったようですが、人民解放軍の脅威が増大するにつれて「地対艦ミサイルによるチョークポイント防衛」

の重要性を徐々に認識しはじめ、実際に軍隊を現地に派遣して訓練をしています。これを「太平洋細道（パシフィック・パスウェイ）構想」と呼んで実際に訓練を行っています。

この「地対艦ミサイルによるチョークポイント防衛」は、あとで紹介する様々な戦略や作戦構想の基盤となっていることを強調しておきます。

このチョークポイント防衛で分かるように、日本と台湾は中国の脅威に対して運命共同体です。日本と台湾はともに、第一列島線の重要な部分を構成する国家であり、有事において人民解放軍が大西洋に進出する際には、両国が大きな障害となります。最近、人民解放軍の爆撃機、戦闘機、空母等の艦艇が第一列島線を越えて作戦することが多くなり、その動向は日台共通の関心事項となっています。

5　インド太平洋戦略（ＩＰＳ：Indo-Pacific Strategy）

米国防省は２０１９年６月１日、「インド太平洋戦略リポート（以下ＩＰＳＲ）」[※12]を発表しました。このIPSRには二つの特徴があります。まず、日本の安倍晋三首相が提唱している「自由で開かれたインド太平洋構想（Free and Open Indo-Pacific　以下FOIP）」と連動した米国の戦略であるということです。二つ目は、中国が主導する「一帯一路構想（BRI：Belt and Road Initiative）」に対抗する狙いを秘めた戦略であるということです。

日米は、中国が推し進める世界戦略である一帯一路構想に対して懸念を共有しています。一帯一路構想は、陸のシルクロード経済ベルトと21世紀海洋シルクロードからなり、中国からアジアや中東を経て欧州に至る広大な地域をカバーする雄大な経済圏構想です。一帯一路構想の意図は、第二次世界大戦後に米国が構築した世界秩序に対して中国主導の秩序や影響圏を構築しようというものです。これはまさしく米中覇権争いの象徴です。

そして、このIPSRは、前述の国家安全保障戦略（NSS）、国家防衛戦略（NDS）、CSBAのエア・シー・バトル（ASB）に深く関わる戦略なのです。以下、I

※12　The Department of Defense, *Indo-Pacific strategy report*

PSRを要約します。

現状認識

米国は太平洋国家で、インド太平洋は国防省の優先戦域であり、「自由で開かれたインド太平洋」を維持するために、この地域に永続的な関与を約束します。

米国が主導する「自由で開放的な世界秩序のビジョン」と中国が主導する「抑圧的な世界秩序のビジョン」に関わる国家間の戦略的競争が米国の安全保障にとって最も重要な問題です。

中国は、中国共産党の指導の下、軍事の近代化、作戦への影響、略奪的な経済を利用して他国を強制することで、この地域を自らに有利な方向に再編しようとしています。

米国は、すべての国に利益をもたらすルールに基づく国際秩序を目指し、それを脅かす政策や行動を受け入れません。

米国は、中国、ロシア、北朝鮮を問題のある国家として列挙し、「中国は修正主義大国」「ロシアは復活した悪意ある国家」「北朝鮮はならず者国家」としています。

大国間競争においては、力による平和を達成し、効果的な抑止力を確保するために、紛争の開始から勝利する即応能力のある統合軍が必要です。国防省は、同盟国や友好国と協力して、米軍がこの地域に部隊を配備（これを前方展開と言う）できるようにします。また、米国の同盟関係、及び友好国とのパートナーシップを強化し、ネットワーク化された安全保障枠組みに発展させることが重要です。

修正主義大国の中国は世界の覇権を追求している

中国の経済的、政治的、軍事的台頭は、21世紀を特徴づける要素の一つです。中国は、インド太平洋地域において、より広範な政治的、経済的、安全保障上の利益を追求するために他国との摩擦を進んで受け入れ、自信に満ち、自己主張の強い存在です。

しかし、中国は、中国共産党の指導の下、自由で開かれた地域・国際システムの恩恵を利用すると同時に、ルールに基づく秩序の価値と原則を劣化させ、国際システムに加盟しながら内部からシステムを弱体化させています。

中国は、あらゆる国が利用できる海や空の領域（ドメイン）を含む中国周辺地域での活動を各国が行うことを阻止するために、A2/AD能力を開発しています。

東シナ海では、日本が実効支配する尖閣諸島周辺で、中国が海警局の公船や航空機でパトロールしています。これらの行為は、他国の主権を脅かし、地域の安定を損なうものです。このような活動は、自由で開かれたインド太平洋の原則に反します。

2018年、中国が南沙諸島に対艦巡航ミサイルと長距離地対空ミサイルを配備したことは、2015年に習近平主席が南沙諸島において「中国は軍事化を追求する意図はない」とした公約を破ったことになります。

人民解放軍の空軍は、爆撃機、戦闘機、偵察機などで台湾周辺の警戒を強化し、台湾に警告を送っています。

さらに中国は、自国の国益を害していると中国が非難する国々との政治的緊張において、経済的手段を含む非軍事的手段を強圧的に使用しています。

中国は経済的・軍事的優位を維持しつつ、短期的にはインド太平洋地域の覇権を、長期的には世界の覇権を求めています。中国は、戦力投射能力の向上、核戦力の近代化、そしてサイバー空間、宇宙、電子戦などの分野で作戦を展開するために広範な軍事計画や兵器に投資しています。

台湾有事を重視

中国はこの地域、とくに海洋において、紛争地域の支配権を主張するための紛争には至らない強圧的な活動を行っています。中国は、平和時と紛争時との間の「グレーゾーン」において、武力紛争の敷居を低く保ちつつ、その目的を確実なものとするために、武力紛争には至らない小規模で漸進的な活動を繰り返しています。このような活動には、政治戦（選挙への介入など）、フェイク情報の提供、A2／ADネットワークの利用、政権転覆、経済制裁の活用など、複数の手段を駆使しています。

中国は過去10年間、台湾有事に対処する能力を重視してきました。中国は台湾に対する武力行使を放棄したことはなく、兵器の開発と配備を続けています。

人民解放軍の近代化において、複雑な統合作戦を遂行する能力を向上させるための組織改編を進めているほか、指揮統制、訓練、人事、兵站などのシステムを改善しています。その近代化を行う重点対象は台湾です。

インド太平洋地域における今後の態勢

●インド太平洋地域の現状

インド太平洋地域では現在、米インド太平洋軍が2000機以上の航空機及び艦艇・潜水艦200隻を保有し、37万人以上の兵士、水兵、海兵隊員、航空兵、国防省のシビリアン、契約要員がその管轄区域内に配置されています。この地域で最も多くの兵力が集中しているのは、日本と韓国です。

米国領グアムにもかなりの規模の部隊（毎日5000人以上）が駐留しており、インド太平洋地域で活動する米軍の重要な作戦と後方支援を支える戦略的拠点となっています。小規模で米軍を日常的に受け入れている同盟国や友好国には、フィリピン、オーストラリア、シンガポール、ディエゴガルシア島経由で英国などがあります。

●インド太平洋地域の今後の態勢

インド太平洋地域における戦略目標を達成するため、南アジア、東南アジア及びオセアニア全域において、より多くのアクセス拠点を保持するための態勢を追求しています。例えば、米国はマヌス島にあるロンブルム海軍基地における共同使用について、パプアニューギニアやオーストラリアとのパートナー関係を模索しています。

予想される戦場までの距離の制約を克服するために、戦域間及び戦域内の兵站を維持し可能にする態勢は柔軟で弾力的でなければならず、装備品の事前集積は非常に重要です。具体的には、遠征能力、海空軍の動的基地（dynamic basing）[※13]、非正規戦及び非通常戦が可能な特殊作戦部隊、対潜能力、複数ドメインの運用を可能にするサイバー及び宇宙チーム、独自の情報・監視・偵察などへの投資も行っています。

国防省はまた、米軍の致死性、敏捷《びんしょう》性、強靭《きょうじん》性（resiliency）を高めるための新たな作戦構想を開発しており、それは米軍の新たな態勢により実現されることになるでしょう。例えば、「マルチ・ドメイン・オペレーション」構想の一環として、米陸軍は、複数のドメインにわたる一時的な優位性を獲得することを目的とした「マルチ・ドメイ

※13　固定的でしっかり建設された港や飛行場だけではなく、迅速に構築した臨時的な港や滑走路を一時的に活動拠点として使用すること。

ン・タスク・フォース（Multi-Domain Task Force）」をテストし、統合軍がこの構想を獲得、維持、活用できるようにしています。

米陸軍は、太平洋パスウェイ計画を通じてマルチ・ドメイン・タスク・フォースをテストし、適切な能力の組み合わせと配置を決定する予定です。

また、機動展開前進基地作戦（Expeditionary Advanced Base Operations　以下ＥＡＢＯ）は、競争下における海洋作戦に強靱性を提供する新たな米海軍と海兵隊の公式な作戦構想です。ＥＡＢＯにおいては、移動可能・低コスト・簡易で一時的な施設（応急的な滑走路や着陸場など）を、ＥＡＢＯを遂行する部隊の不可欠な機動展開前進基地として活用します。そして、海上艦艇などに搭載された情報収集用のセンサーや火器のほかに、海兵隊が地上に配置したセンサーや火器（沿岸防衛の巡航ミサイル、対空ミサイルなど）を活用することにより相手に対する致死能力を向上します。このＥＡＢＯによりチョークポイント防衛などの作戦が可能となるのです。

パートナーシップ

米国のインド太平洋地域への関与は、米国戦略の基盤である長年の安全保障同盟に根ざしています。相互に利益をもたらすパートナーシップは、米国の戦略にとって極めて重要であり、競争相手国が太刀打ちできない永続的で非対称的な戦略上の優位性を提供しています。

米国は、日本、韓国、オーストラリア、フィリピン及びタイとの同盟を強化しました。これらの同盟は、この地域の平和と安全のために不可欠であり、米国の同盟への投資は、将来にわたって米国と世界に利益をもたらし続けるでしょう。

また、シンガポール、台湾、ニュージーランド、モンゴルとのパートナーシップを拡大するための措置も講じました。南アジア域内では、インドとの防衛に関する主要パートナーシップの運用を図るとともに、スリランカ、モルジブ、バングラデシュ、ネパールとの新たなパートナーシップを推進しています。

また、ベトナム、インドネシア、マレーシアを含む東南アジアのパートナーとの安全保障関係の強化や、ブルネイ、ラオス、カンボジアとの持続的な関与も継続しています。

日米同盟の近代化

●日米同盟

日米同盟は、インド太平洋地域の平和と繁栄の礎であり、米国は、日本及びその施政下にある領土を防衛する決意を堅持しています。インド太平洋地域における安全保障の力学が変化するにつれ、日米同盟が日米の安全保障と共通の価値を脅かす諸課題に対処することが不可欠となっています。

北朝鮮のならず者的な行動に対抗するにせよ、中国やロシアとの長期的な戦略的競争に対応するにせよ、日米同盟という他に存在しない優位性を維持しなければいけません。米国は国防戦略において、日米同盟を重要な関係と位置づけ、同盟関係の強化を明確にしています。2018年に策定された「防衛計画の大綱」も、日米両国の安全保障上の利益が密接に絡み合っていることを強調しています。

米国防省は、日本及びその他の同盟国に対する対外有償軍事援助（FMS[※14]）の合理化、装備品の共同開発の追求、サイバー及び宇宙分野における協力の深化を継続しており、米国の敵対国と戦って勝利するために必要な技術的優位性を維持することも最優先事項です。

●日本での態勢

在日米軍は、インド太平洋地域における米国の態勢にとって不可欠な要素です。共通の脅威に対処し、共通の利益を増進し、日米安全保障条約に基づく義務を履行するため、国防省は最も能力があり、先進的な部隊を日本に派遣しています。

日本国政府は、特別措置協定を通じて在日米軍の駐留を財政的に支援しています。この戦略的貢献は、在日米軍の即応態勢を直接支えるものです。国防省は、米海軍第七艦隊、米海兵隊第三海兵機動展開部隊、空軍の三つの部隊、及び小規模な陸軍及び特殊作戦部隊の約5万4000人の軍人を日本に派遣しています。F-35、MV-22、CV-

※14　米国製の兵器や教育訓練などのサービスの提供を、米国防省の組織を通して有償で受ける制度がFMS。

22、唯一の前方展開空母※15ロナルド・レーガンなどの高度な兵器が日本に配備されています。

また、弾道ミサイルの脅威に対処するためのイージス駆逐艦、ＢＭＤ（弾道ミサイル防衛）のレーダー、パトリオット部隊などのＢＭＤ資産も日本における態勢に緊密に組み込まれています。

２０１５年の「日米防衛協力のための指針」に示されているように、米軍と自衛隊との間の運用面での協力強化も優先事項です。インド太平洋地域における二国間プレゼンス活動、相互資産保護ミッション、及び二国間演習は、米軍と自衛隊が協力して共通の目標を推進するための作戦協力のほんの一部にすぎません。

6　ＣＳＢＡの新戦略「海洋プレッシャー戦略」

オバマ政権時代に正式な戦略として採用されなかったＡＳＢ（エア・シー・バトル）に替わり、シンクタンク・ＣＳＢＡ（戦略予算評価センター）が２０１９年6月に発表したのが「海洋プレッシャー戦略」です。CSBAにとって「海洋プレッシャー戦略」は、公的に承認されなかったASBに対するリベンジです。以下、その概要を紹介します。

台湾占領の既成事実化（fait accompli）をいかに克服するか

この戦略のキーワードの一つは「既成事実化」です。ロシアが2014年、ウクライナから大きな抵抗や反撃を受けることなくクリミアを併合した事例がこの「既成事実化」に相当します。台湾紛争を例にとると、中国が台湾を攻撃し、米軍が効果的な対応をする前に台湾を占領してしまうシナリオを米国は危惧しています。この場合、台湾占領が既成事実となり、これを覆すことは難しくなるからです。

広大な太平洋を横断して軍事力を展開することは、米軍にとっても決して容易なことではありません。安全保障でよく使われる「距離と時間の過酷さ（tyranny of distance and time)[※16]」の問題があるからです。

※15　空母ロナルド・レーガンは横須賀を根拠地（いわゆる母港）としているが、米海軍にとっては外国の港を母港とする唯一の空母である。その意味で唯一の前方展開する空母と言える。

紛争地域外にいる米軍は、中国による台湾占領の既成事実化を阻止するためにこの距離と時間の問題を克服しなければいけないのです。

海洋プレッシャー戦略の要約

海洋プレッシャー戦略の目的は、西太平洋での軍事的侵略の試みは失敗することを中国指導者に分からせることです。つまり、中国の侵略を抑止することが目的です。

海洋プレッシャー戦略は、防御的な性格を持った戦略で、従来提唱されていた封鎖作戦（blockade operations）や中国本土に対する懲罰的打撃を補完または代替する作戦構想です。

海洋プレッシャー戦略は、第一列島線沿いに高い残存能力のある精密打撃ネットワーク（米国及び同盟国の地上発射の対艦ミサイルや対空ミサイルの大量配備とこれを支援する海・空・電子戦能力で構成されるネットワーク）を確立します。

海洋プレッシャー戦略は、インド太平洋地域における中国の侵略を抑止するために前方展開し、縦深防衛態勢を確立するなどの利点を追求しています。そしてINF条約

（中距離核戦力全廃条約）からの米国の離脱などの政策決定を受けて、地上発射の中距離ミサイルの開発などを考慮した案を提出しています。

インサイド・アウト防衛（Inside-Out Defense）

海洋プレッシャー戦略では、距離と時間の制約を克服し、米軍の介入に対抗する中国の行動を挫折させ、既成事実化を防ぎます。この作戦構想を「インサイド・アウト防衛」と呼んでいます。インサイド・アウト防衛とは、インサイド部隊とアウトサイド部隊による防衛です。インサイド部隊は第一列島線の内側（インサイド）に配置された部隊（例えば陸上自衛隊）のことで陸軍や海兵隊が中心です。アウトサイド部隊は第一列島線の外側（アウトサイド）に存在する部隊で海軍や空軍の部隊が主体です。CSBAはインサイド・アウト防衛をアメリカンフットボールに譬《たと》えていて、インサイド部隊は「ディフェンスライン」で、アウトサイド部隊は「ラインバッカー」です。

※16　作戦地域までの距離の遠さと時間がかかることが、作戦にいかに大きな影響を与えるかを表現したもの。

インサイド・アウト防衛は、中国が米国とその同盟国に対して行っているA２／AD（接近阻止・領域拒否）を逆に中国に対して行うことなのです。すなわち、西太平洋の地形（とくに第一列島線）を利用して、中国の軍事力を弱体化し、作戦スピードを遅延させ、軍事行動を拒否するA２／ADシステムを構築しようということです。

インサイド部隊は、厳しい作戦環境で戦うことのできる攻撃力と敵の攻撃に対して生き残る強靭さを持った部隊です。アウトサイド部隊は、機敏で長距離からのスタンドオフ攻撃が可能で、中国のA２／ADネットワークに侵入して戦うことのできる部隊です。

これらの内と外の部隊が協力して、人民解放軍の攻撃に生き残り、作戦する前方縦深防衛網を西太平洋に構築し、紛争初期において人民解放軍の攻撃を急速に鈍らせます。米国が中国との紛争に勝利するためには、インサイド・アウト防衛だけでは十分ではないかもしれませんが、既成事実化を回避することはできます。また、懲罰的攻撃や遠距離からの封鎖といったほかの作戦が効果を発揮するために必要な時間を提供することもできます。

インサイド・アウト防衛がより手ごわい防衛態勢を中国に提示することにより、危機において中国が大規模でコストのかかる紛争のエスカレーションを避け、緊張の緩和を選択するように導くことを目指しています。つまり、中国の攻撃の抑止が目的なのです。

インサイド部隊とアウトサイド部隊

●インサイド部隊

平時には、西太平洋に配置されたインサイド部隊が、米国のこの地域への介入の決意を示す、確実な軍事的シグナルを発信します。これらのインサイド部隊は、グレーゾーン事態などの武力紛争のレベル以下での中国の強圧的な行動に対抗するのにも役立ちます。インサイド部隊は、空中、海上、地上の常時センサーのネットワークを使用し、西太平洋における状況認識を高め、中国の悪意ある活動を暴露します。さらに、西太平洋に配備されたセンサーネットワークは、中国の潜在的な攻撃の兆候を発見し、警告を発することにより、中国の持つ時間と距離の優位性を減少させます。

紛争が発生した場合、インサイド部隊は、第一列島線沿い及び第一列島線内に分散します。そして対処態勢を構築し、第一列島線の島嶼《とうしょ》などの海洋地形を利用し、中国の軍

図2-2「インサイド・アウト防衛」

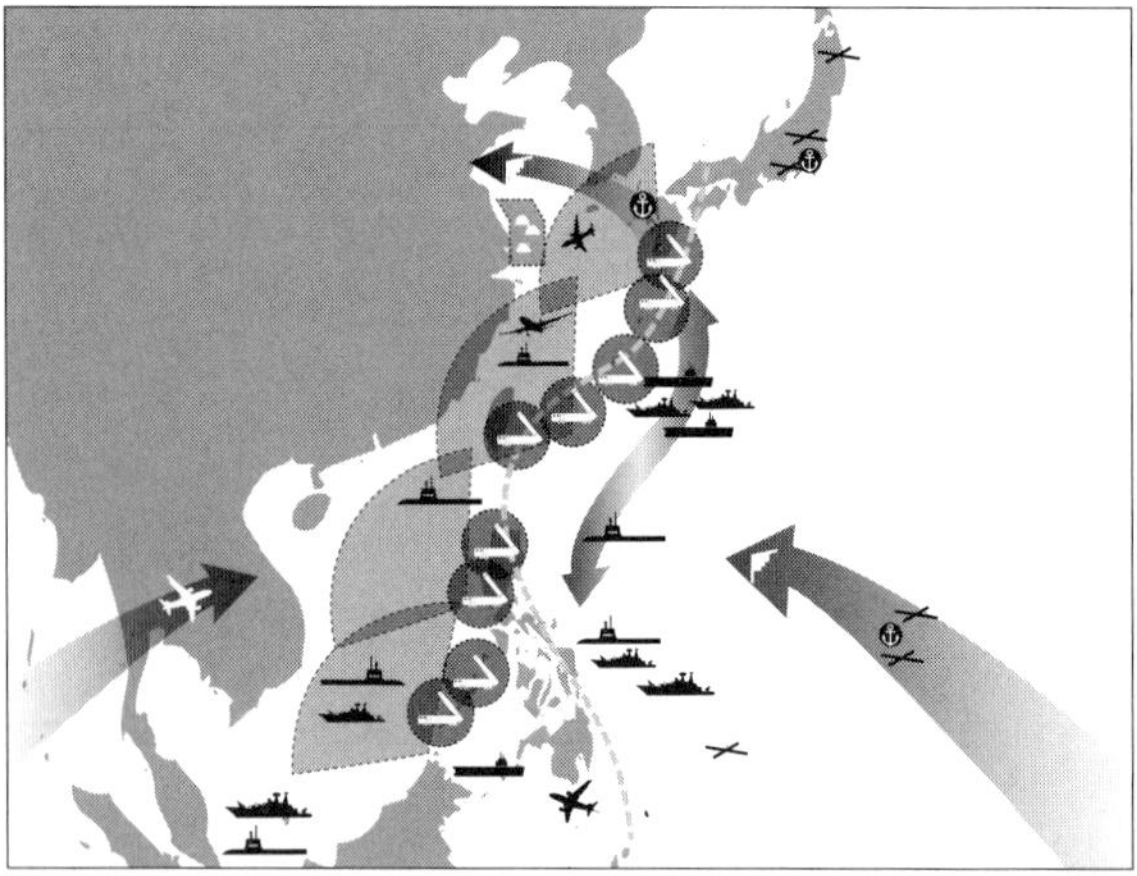

出典：米陸軍のFM3-38 Cyber Electromagnetic Activities

事作戦に迅速に対処する初期の防衛網を形成します。

インサイド部隊は、西太平洋有事において三つの主要な役割を果たします。

第一に、中国が軍事作戦を成功させるための必要条件として認識している航空優勢、海上優勢、情報支配を確保することです。

第二に、中国の作戦部隊を攻撃して、米国の同盟国やパートナー国の領土を占領するなどの侵略によって目的を達成する能力を低下させ、中国が第一列島線を越えて力を行使することを阻止します。

第三に、中国の主要システム、とくにA2／ADネットワークを弱体化し、その弱点をアウトサイド部隊が利用して作戦を行います。

移動可能で分散した地上部隊や水陸両用部隊は、これらのインサイド部隊の骨幹です。偽装・隠蔽・欺瞞《ぎまん》などが可能で、機動性があり、発見が困難な地上部隊を利用します。インサイド部隊は、第一列島線の諸島を、センサー、ミサイル、電子戦システムなどのマルチドメイン能力を備えた防御基地へと変貌させます。

●アウトサイド部隊

主に空軍と海軍で構成されるアウトサイド部隊は、第一列島線に沿って配置されたインサイド部隊に対し、柔軟で機敏な支援を提供します。米国の圧倒的な戦闘力はこのアウトサイド部隊が保有しています。

インサイド・アウト防衛の四つの作戦

「インサイド・アウト防衛」は、次の四つの主要な作戦で構成されます。

①海上拒否作戦：中国の海上統制に対抗し、中国の海上戦力投射部隊を撃破するための第一列島線での作戦
②航空拒否作戦：中国の航空優勢に対抗し、中国の航空宇宙戦力投射部隊に勝利するための第一列島線における作戦
③情報拒否作戦：中国の情報支配に対抗し、米国の情報優位を可能にする作戦
④陸上攻撃作戦：中国本土の地上に配備されたA2／ADシステム（弾道ミサイル、巡航ミサイル、爆撃機、レーダー、衛星関係地上装置など）を破壊し、中国の戦力投射部隊（輸送艦、揚陸艦、輸送機、上陸部隊など）を味方またはパートナー国の領土に引き寄せて撃破するための作戦

(1)海洋拒否作戦

海上拒否作戦は、第一列島線内またはその付近での海洋支配を獲得し維持しようとする中国の意図を拒否します。中国の上陸部隊が米国の同盟国やパートナー国の領土に上陸する前に、中国の海上部隊を撃破して、人民解放軍が海上封鎖を早期に突破し、国外

に海洋勢力を展開することを妨げます。

第一列島線沿いに分散配置された場所から、対艦巡航ミサイル（ＡＳＣＭ）や対艦弾道ミサイルを装備した地上部隊は、中国の水上艦艇、とくに長距離対空ミサイル（ＳＡＭ）を装備した艦艇を攻撃することができます。紛争の早期にこれらの艦艇を無力化することは、海洋支配を確立しようとする中国の意図を拒否し、中国大陸から離れた場所での中国艦艇を守る防空能力を無効にします。

日本の12式地対艦誘導弾のような、少なくとも１００海里（１８５km）の射程を持つ地上発射対艦ミサイルは、第一列島線を通過しようとする中国艦艇の潜在的な通過ルートのほとんどをカバーします。しかし、このためには、米軍がベトナムやインドネシアなどの東南アジア諸国を含む同盟国やパートナー国の領域を自由に使用できる権利を有していることが前提です。

一方、射程が１００海里以下の地上発射対艦ミサイルは、第一列島線の強固な沿岸防衛を提供し、一部の紛争地域をカバーします。その特徴として、東シナ海や南シナ海から遠く離れた海域で活動する中国海軍を攻撃するための射程が不足していますが、地上部隊に射程の長いミサイルを配備することで、米軍の作戦地域への接近が制限されることを防ぎ、中国や台湾海峡に近い海域で活動する中国海軍を攻撃できるようになります。高度な探索能力を備えた先進的な地上発射対艦ミサイルは、地上部隊が中国海軍の水上戦闘艦や揚陸艦を選択的に標的にすることを可能にします。

これらの攻撃を容易にするために、部隊は、地上・航空センサー、OTHレーダー（超水平線レーダー）、潜水艦及び無人潜水艇（UUV）、衛星、有人・無人水上艦艇、及び敵の防衛網を突破する有人・無人航空機を組み合わせて運用し、標的データを取得します。

潜水艦や無人潜水艇を含む水中部隊は、前方センサーとして機能し、中国の艦艇に対する魚雷及び対艦巡航ミサイル（ASCM）の攻撃を行うことによって、インサイド地上部隊を支援します。しかし、彼らの主な任務は、とくに南シナ海・東シナ海から離脱する前に、すなわち第一列島線内で中国の海中部隊を撃破することです。

米軍の無人潜水艦の能力が成熟すると、無人潜水艇や機雷の敷設のための無人プラットフォームは、第一列島線内での海中作戦を強化し、有人潜水艦を紛争の少ない海域に配置できることになります。このUUVは、C2ノード（ネットワークの分岐点や中継点）として使用できますし、ミサイル攻撃プラットフォームとして機能することもできます。さらに、陸上からの火力は、無人航空機システム（UAS）とペアになって、無人センサーによって検知した中国海軍の潜水艦を攻撃することができます。

アウトサイド部隊もまた、中国のA2／AD能力に生じた弱点（インサイド部隊がもたらしたもの）を利用して、第一列島線内での海洋拒否に貢献します。第一列島線沿いの地上防空システムの背後で活動する水上艦艇、第四世代戦闘機、爆撃機は、長距離ASCMの大群による海上拒否作戦を支援することができます。

また、有人及び無人ステルス機は、中国のA2／AD防衛網に侵入して海上攻撃を行いますし、味方の陸上配備ミサイルなどの他の兵器のセンサー（敵の存在を感知する情報収集手段）として機能することができます。

②航空拒否作戦

航空拒否作戦は、第一列島線内の中国の航空優勢に対抗する作戦です。人民解放軍の部隊が海岸地域に上陸する前に、攻撃部隊を空輸する能力を無力化します。人民解放軍のH－6爆撃機などの長距離爆撃機が、第一列島線を越えて、友好国の基地、部隊、その他の目標を攻撃することを阻止します。

第一列島線の島嶼に配置された陸上配備の統合防空ミサイル防衛（ＩＡＭＤ）システムは、敵機の数を減らします。これにより、人民解放軍は航空機を攻撃ではなく防空のために費やすことを余儀なくされます。

この新しい地上配備のＩＡＭＤシステムは、ミサイル、火砲、レーザーや高出力マイクロ波などの兵器を組み合わせて使用します。結果として、移動式、長距離、広域、短距離のポイント防空システムを含む多層防御が完成します。

陸上のインサイド部隊は、アウトサイド部隊である空軍の支援、例えば空中警戒管制機の支援を受けます。また、アウトサイド部隊の空軍は、有人及び無人戦闘機により、敵の防御を突破し、中国空軍基地に対する攻撃的対航空作戦（ＯＣＡ）を行います。

③情報拒否作戦

人民解放軍は、情報優越（情報面での優越）を軍事的勝利に必要な最も重要な条件と考えています。このため、中国のC４ＩＳＲ（指揮、統制、通信、コンピューター、情報、監視、偵察）の機能を低下させる作戦や情報拒否作戦は、中国の侵略を撃退するうえで大きな効果があります。

情報拒否作戦は、中国の情報収集・監視・偵察を拒否し、中国の通信ネットワークを混乱させ、最終的には中国の中央集権的な意思決定を麻痺《まひ》させます。インサイドやアウトサイドの部隊は、中国のセンサーやC４ＩＳＲの結節点（重要な箇所）を攻撃してそのネットワークを遮断するために、陸上攻撃や対艦兵器・対空兵器による攻撃を行います。

④陸上攻撃作戦

陸上攻撃作戦は、中国の陸上配備のＡ２／ＡＤシステム（センサー、長距離ミサイル発射機、地上に駐機する航空機、地対空ミサイル）を無効化し、アウトサイド部隊が自由に活動できる状況を作り出します。

海上拒否作戦と同様に、陸上目標に対する攻撃は、潜水艦発射の巡航ミサイル及びアウトサイド部隊である航空部隊及び海軍部隊の長距離ミサイルによるスタンドオフ攻撃、中国本土に接近して攻撃するステルス航空機による地上目標攻撃によって増強します。

中国本土にある5万個の重要目標の約70%は中国本土の海岸線から約463㎞以内にあります。最も深い目標地点は、宇宙関連施設、衛星攻撃用兵器施設、その他の価値の高い場所です。

INF条約の射程制限に則って開発された地上発射のミサイルの最大射程は500㎞です。しかし、INF条約を破棄した米国は今後、陸上配備の射程は500㎞以上の中・長距離ミサイルの開発を推進することでしょう。このことは、インサイド・アウト防衛を成功させる手段が増加することを意味します。

海洋プレッシャー戦略に対する評価

米中覇権争いの様相が濃くなり、米中のアジア太平洋における衝突の可能性が取り沙汰されています。中国が目論む台湾占領などの既成事実化を許さない海洋プレッシャー戦略は、米中紛争を抑止する戦略、日本の防衛をバックアップする戦略として評価できます。

海洋プレッシャー戦略を成立させるためには、第一列島線を形成する日本をはじめとする諸国（台湾、フィリピン、インドネシアなど）と米国との密接な関係が不可欠です。

自由で開かれたアジア太平洋戦略や海洋プレッシャー戦略のためには米軍のさらなる前方展開が必要ですが、米国内にはこれに抵抗するグループがいます。米中覇権争いにおいて、米国は本当に中国の脅威の増大に真剣に対処しようとしているのか否か、その本気度が試されます。

我が国は、この海洋プレッシャー戦略を前向きに評価しつつも、我が国独自に進めている南西防衛態勢の確立を粛々と推進すべきです。

第三章

劇的に変化する朝鮮半島情勢

世界の安全保障環境が劇的に変化し、第二次世界大戦後に米国が主導して構築してきた秩序が各所において綻びをきたしています。この原因の根本には、世界の警察官の役割を担ってきた米国の国力の相対的な低下とアグレッシブに台頭してきた中国や復活してきたロシアの米国への挑戦があります。さらに、「アメリカ・ファースト」を主張して2016年の米国大統領選挙に勝利したドナルド・トランプ大統領の不適切な言動が及ぼす悪影響が大きいと思います。

不安定な安全保障環境の典型が朝鮮半島の状況であり、朝鮮半島の安全保障情勢は劇的に変化しています。この大きな変化をもたらしたのは、ドナルド・トランプ米国大統領、文在寅韓国大統領、北朝鮮の金正恩委員長の存在です。

国家の指導者や安全保障に携わる者は、「最悪の事態を想定して、それに万全の態勢で備えること」が鉄則です。この章においては、朝鮮半島情勢に関して、日本にとって最悪の事態を想定しつつ、それへの対応について考察します。

予測不能な外交を展開するトランプ大統領

まず、トランプ大統領です。私は、トランプ氏を是々非々で評価しています。「米中覇権争い」における中国への厳しい対応は高く評価できますし、その国内経済政策も適切だと思います。しかし、トランプ氏の対朝鮮半島政策、イラン核合意からの離脱、TPPからの離脱、気候変動に関するパリ協定からの離脱、NATO加盟主要諸国との対立などは不適切です。彼の不適切な決定や言動は、米国が第二次大戦後に築き上げてきた米国主導の秩序を毀損してきたと言わざるを得ません。

トランプ政権の救いは、大統領のスタッフにまともな人たちがいることです。とくに米国防省はまっとうに機能している組織の一つであり、国防省が発表する報告書等を読むと、そのスタッフたちが一貫した考え方に則って任務を遂行していることが分かります。

問題は、同盟国や友好国との良好な関係に無頓着で予測不能な言動を繰り返すトランプ大統領本人であり、彼の在職期間中は混沌《こんとん》とした状況が継続することを覚悟せざるを得ません。

一方、韓国では、左翼政権である文在寅政権下で、経済政策の失敗、外交政策の失敗など、やることなすことが支離滅裂な状況になっています。また、北朝鮮は、金正恩独裁体制下で核ミサイル開発を継続していて、北朝鮮の非核化は絶望的な状況です。

2018年6月12日に第一回の米朝首脳会談が行われ、その後に第二回、第三回の首脳会談を行いましたが、当初喧伝《けんでん》されたような画期的な成果を上げていません。米朝首脳会談は総じて失敗であったと言わざるを得ません。

トランプ大統領は、あまりにも拙速に歴史的な成果を求めすぎました。北朝鮮と長年交渉してきた外交のプロたちが一様に主張するように、「北朝鮮と交渉するとき、解釈の余地がある文書に署名した瞬間、ゲームは事実上終わる」のです。あまりにも拙速に首脳会談を開催したこともあり、第一回の米朝首脳会談の合意文書は「解釈の余地があまりにもありすぎる文書」となり、その当然の結果として、北朝鮮の非核化は一向に進《しん》捗《ちょく》していません。

米国が当初目的とした核ミサイルのＣＶＩＤ（Complete Verifiable Irreversible

Denuclearization＝完全で検証可能で不可逆的な廃棄）はまったく達成されていません。この失敗の大きな原因は、ドナルド・トランプ大統領の予測不能な「思いつき外交」にあります。外交には専門家による下からの積み上げとトップに立つ者の適切なリーダーシップの両方が重要ですが、米国外交の現実はその両方が欠けています。トランプ大統領は、下からの積み上げを軽視し、トップダウン外交を志向していますが、そのトップとしての言動が予測不能でぶれるのです。

核ミサイルを放棄しようとしない北朝鮮

北朝鮮は、非核化に関する具体的な行動を何もとっていないばかりか、核兵器の開発と弾道ミサイルの実験を継続しています。北朝鮮は核兵器を放棄しないし、弾道ミサイルも放棄しません。それらを放棄することは自らの死を意味することだと悟っているからです。

●第一回米朝首脳会談で北朝鮮が得たもの

２０１８年6月12日に実施された米朝首脳会談は、世界の多くの人たちに朝鮮半島の未来に対する希望を抱かせました。我が国においても、普段は北朝鮮に厳しい発言をしている保守的な人たちでさえ、「北朝鮮に何か歴史的な変化が起こるのではないか」と期待する者がいました。

しかし、これらの楽観的希望は幻想でした。私は、第一回米朝首脳会談の開催前から、「この首脳会談は政治的なショーにすぎない。過去20年以上にわたり北朝鮮に騙《だま》されてきたが、同じことが繰り返されるであろう」と主張してきました。中身のない首脳会談の合意文書を読み、加えてトランプ大統領の記者会見を聞くにつけ、私の考えは確信に変わりました。

結局、第一回米朝首脳会談は北朝鮮にとっての大きな勝利となり、北朝鮮が得たものは以下の諸点だと思います。

①会談前に米国が最も重要だと主張していたＣＶＩＤという語句を合意文書に記述させ

ませんでした。そのため、検証可能性と密接不可分な核兵器の申告などが曖昧になりました。

②北朝鮮は安全の保証を得ました。これは、米国の先制攻撃の可能性が極めて低くなったことを意味し、金委員長は枕を高くして寝ることができることになりました。

③「北朝鮮の完全な非核化」ではなく、「朝鮮半島の完全な非核化」が盛り込まれました。この朝鮮半島の完全な非核化に関する北朝鮮の解釈は、北朝鮮の非核化のみならず、在韓米軍の撤退と米国の核の傘をなくすことを意味します。

④南北首脳会談の実施により、融和的ムードが広がり、国連の経済制裁を骨抜きにするチャンスを得ました。

米国が当初目指した、短期の非核化はほぼ絶望的で、協議が長引くほど、北朝鮮の核保有国としての地位が確定していきます。我が国にとって脅威となる核兵器や短・中距離弾道ミサイルは温存されます。結局、トランプ大統領が首脳会談の記者会見で大見得を切った「北朝鮮の核脅威は存在しない」という発言はフェイクだったのです。

●短距離ミサイルの発射を繰り返す北朝鮮

北朝鮮は、2019年5月4日と9日、7月25日以降8月10日までに合計7回の短距離弾道ミサイルの発射を行いました。最近、発射回数を増やしている点と、飛行末期に不規則な飛行を行う新型のミサイルが登場している点が特徴です。

米朝首脳会談で「短距離弾道ミサイルの発射は問題視しない」というトランプ氏の約束があったのではないかという説があります。もし、そうだとするとトランプ氏の不適切な発言が北朝鮮の挑発を誘発している可能性があります。

米韓同盟よりも南北統一国家を重視する文在寅政権

文在寅大統領は、歴代の韓国の大統領と比較しても、侮日本・反米国・従北朝鮮の姿勢が鮮明で、米韓同盟よりも朝鮮民族の統一を重視し、南北統一国家（北朝鮮は「高麗民主連邦共和国」を提案しています）を目指す姿勢を強めています。まるで、「ハーメルンの笛吹き男」のように、韓国民を北朝鮮という独裁国家に誘導しているかのようです。

文氏は、北朝鮮の非核化問題について北朝鮮の意見を代弁し、北朝鮮に対する国連制裁違反である瀬取り（北朝鮮の船にほかの船を横付けすることにより石油などの船荷を移し替えること）の監視に参加せず、38度線付近における地雷原や監視所を撤去し、固定翼機の飛行を禁止しています。これにより北朝鮮に対する防衛態勢を弱体化し、米韓共同訓練を中止するなど、従北朝鮮の姿勢を鮮明にしています。

この事実は韓国が冷戦時代から加入していた日米韓の安全保障枠組みを離脱し、南北朝鮮の枠組みに入る可能性があることを意味しています。これが現実のものになると影響は大きいと言わざるを得ません。

●韓国の「国防改革2・0」の諸問題

韓国の国防部は、今後の国防態勢に関する「国防改革2・0」の基本方向を文大統領に報告し、確定したと発表しました。報道されている内容を見ると、「北朝鮮はもはや韓国の敵ではない」と宣言していると思わざるを得ません。

①「攻勢的新作戦概念」の廃棄

今回の「国防改革2・0」の注目点の一つは、「攻勢的新作戦概念」が削除されたことです。

「攻勢的新作戦概念」とは、「韓国軍が北朝鮮との全面的な戦争に陥った場合、韓国軍が平壌を2週間以内に占領して、短期間で戦争に勝利する」という作戦概念です。この作戦概念は、「有事の際、『最短期間、最小の犠牲』で戦争を終結させることができ、平時には北朝鮮の挑発を抑止する効果がある」と説明されてきました。

国防部が当初大統領府に提出した「国防改革2・0」には、「攻勢的新作戦概念」が盛り込まれていましたが、大統領府が反対し、最終的に「攻勢的新作戦概念」は削除されたそうです。

②韓国軍の兵力削減と兵役期間の短縮

「国防改革2・0」には韓国軍の大規模な兵力削減計画が盛り込まれています。韓国軍の総兵力を現在の61万8000人から、11万8000人を削減して2022年までに50万人へ縮小します。この11万8000人の削減はすべて陸軍の削減(約24%削減)であり、陸軍は約50万人から約38万人に削減されます。この削減は、文在寅政権の陸軍に対する厳しい姿勢の表れです。

陸軍の削減に連動して、5年後には最前線を守る師団数も11個師団から9個師団に減少し、各師団が担当する正面は現在のおよそ2倍である約40㎞にまで拡大します。5年後の劇的な変化に陸軍が対応できるか否かが問われています。

韓国は徴兵制を採用していますが、その兵役期間についても短縮され、陸軍・海兵隊で21か月から18か月へ、海軍で23か月から20か月へ、空軍で24か月から22か月へ、それぞれ短縮されます。ただでさえ少子化で兵力は減っていくので、兵役期間を延長して兵力を維持しなければならないところですが、逆に兵役期間を短縮します。

一方、北朝鮮は7～10年もの長期間に勤務する128万人の兵力を保有しています。この兵力が一挙に攻撃してきた場合、18か月兵役の50万人の韓国軍は本当に防ぐことができるのかと、韓国の保守的メディア（朝鮮日報など）は批判しています。

以上のような韓国の一方的な兵力削減と兵役期間の短縮は、韓国の国防力の低下を意味し、北朝鮮に対する抑止力の低下につながるでしょう。

③非武装地帯の警戒監視体制の縮小計画

さらに問題だと思われるのは、国境付近の非武装地帯における警戒監視体制を縮小する計画です。非武装地帯に設けている監視所から兵士や兵器の撤収を行う計画があります。これは韓国国防部が２０１８年７月24日に国防委員会に提出した資料で明らかになりました。

この計画は、同年４月に実施された南北首脳会談で発表された板門店宣言の項目である「ＤＭＺ（Korean Demilitarized Zone＝非武装地帯）の平和地帯化」に沿った措置です。監視所からの撤収を試験的に実施し、その後に全面的な撤収やＪＳＡ（Joint Security Area＝共同警備区域）の警備要員の縮小などの非武装化を行う計画です。北朝鮮にとっては願ってもない状況で、手薄な国境地帯から韓国への浸透が容易になります。

●韓国政府による国連経済制裁骨抜きの動き

韓国外交部の康京和《カンギョンファ》長官は、国連で中露とともに北朝鮮に対する制裁の緩和を画策しています。彼女は、国連安全保障理事会のブリーフィングで、「南北朝鮮間には対北朝鮮制裁の例外が必要だ」と言及したそうです。彼女は、公式には「北朝鮮の非核化まで制裁は維持されなければならない」と言っていますが、安保理では「韓国が北朝鮮との対話・協力を引き出すために、例外を認めてもらいたい」と文在寅政権の本音を代弁しています。

韓国政府はまた、北朝鮮産石炭の国内搬入を知りながらも処罰せず、国連制裁を破った船の入港・通過をその後も許可していました。つまり、経済制裁破りを黙認しているのです。実例を示すと、北朝鮮の元山で石炭を積んでロシアに向けて出港し、ロシアのホルムスク港で石炭を下ろし、その石炭を第三国船籍の船に乗せて韓国に搬入しています。これは明らかに安保理決議違反です。

また頻繁に行われている瀬取りについても韓国政府は黙認しています。

北朝鮮の非核化のために北朝鮮に対する経済制裁は不可欠ですが、韓国政府が安保理決議違反を見逃している状況は大問題です。そして、国際社会全体から経済制裁を受けている北朝鮮に対し、やみくもな経済協力を提案することも大問題です。

在韓米軍の撤退と米韓同盟の消滅の可能性

トランプ氏は、２０１６年の大統領選挙期間中から在韓米軍の撤退について言及していて、在韓米軍の撤退は彼の持論です。彼の発言から判断して、「韓国に米軍を駐留させておくことは金がかかるし、負担が多くして益の少ない行為」なのです。この考えは在日米軍にも当てはまり、日本にとっても他人事《ひとごと》ではない点に注意を要します。

一方、文大統領も「北朝鮮の宿願である在韓米軍の撤退を実現したい」と本音では思っているのでしょう。さらに言えば、韓国自身が在韓米軍の撤退を声高に主張するのではなく、米国の判断で撤退するようにもっていければ最善だと思っているのでしょう。その意味で、在韓米軍撤退を簡単に言ってしまうトランプ氏の存在は好都合なのです。トランプ氏の口から在韓米軍の撤退を言わせ、実際に撤退を実現できれば、南北統一国家の樹立を速めることができるからです。

ここで考えなければいけないのは在韓米軍の撤退の影響です。在韓米軍の撤退で一番喜ぶのは北朝鮮、中国、ロシアでしょう。中国や北朝鮮にとっては、在韓米軍の存在は非常に鬱陶《うっとう》しい存在であり、それがいなくなれば朝鮮半島における両国の影響力は増大することになり、大歓迎です。

一方、日本にとっては厄介な状況になります。なぜならば、米国の朝鮮半島における影響力は激減しますし、米国の防衛ラインが中国の言う実質的に第一列島線になる可能性があるからです。

評論家のなかには、在韓米軍の撤退に伴い、米国の防衛ラインがアチソンライン（アリューシャン列島〜日本列島〜沖縄〜フィリピンを結ぶ線）に下がるという議論をする者がいますが、私は第一列島線になると思っています。第一列島線とアチソンラインの違いは台湾が防衛ラインに入っているか否かです。第一列島線に台湾は入っていますが、アチソンラインでは台湾が除外されています。

その米国の防衛ラインの変化の影響を日本はダイレクトに受けることになります。統一朝鮮は、高い確率で反日国家になり、彼らの仮想敵は日本になるでしょう。日本は、朝鮮半島に日本を敵として国防力を整備する核保有国と対峙することになるでしょう。これが最悪のシナリオです。

文在寅大統領の国務会議における発言は日本に対する宣戦布告に等しい

文政権は、日本に対しては慰安婦問題や戦時徴用工問題など過去の日韓の外交的合意を反故《ほご》にし、日本企業の資産を凍結するなどの極めて不適切な対応をしてきました。

また、日本政府が安全保障の観点から戦略物資（フッ化ポリイミド、レジスト、エッチングガス）の輸出管理を強化し、さらに貿易上の優遇措置を認める「ホワイト国」から韓国を除外する決定をしました。この措置は、韓国が主張するような保護貿易的手段ではなく、安全保障上重要な物資に関する韓国の管理が不十分であることが理由です。

日本の決定を受けて、文大統領は国務会議において、日本を「盗人猛々《ぬすっとたけだけ》しい」などと批判し、日本製品不買運動などの反日運動を激化させています。

文氏の発言は、以下の通りですが、まるで日本への宣戦布告のような発言であると言わざるを得ません。

・「我々がより深刻に受け止めているのは、日本政府の措置が我が経済を攻撃し、我々の経済の未来の成長をふさぎ、打撃を加えようとする明確な意図を持っているという事実だ」

・「我々は二度と日本に負けない。我々は、数多くの逆境を勝ち抜き今日に至った。我々は、逆境を逆手にとって跳躍するであろう」

・「いくら日本が経済強国といえども、我が国経済に害を及ぼそうとするならば、我々は対応する方策を持っている。日本政府の措置状況に従い、我々も段階的に対抗措置を強めていく」

・「既に警告したように、我が経済を意図的に打撃するならば、日本も大きな被害を甘受しなければならない」

・「挑戦に屈服したら歴史はまた繰り返す。この挑戦を逆にチャンスと捉え、新たな経済跳躍の契機とするならば、我々は十分に日本に勝つことができる。我々の経済が日本経済を飛び越えられる」

・「いつかは越えるべき山だ。今この場で立ち止まるならば、永遠に山を越えることができない」

文大統領は8月5日にも、「日本は決して我々の経済の飛躍を防ぐことはできない」「日本の経済が我々の経済に比べて優位にあるのは経済規模や内需市場で、南北の経済協力で平和経済を実現すれば、一気に追いつくことができる」と述べています。

これは、日本の貿易管理上の措置を「脱日本」の契機にするとともに、朝鮮半島の統一を通じた南北の経済協力で、日本を超えると強調したものです。文氏の頭のなかには常に、「南北統一による日本への対抗」という思いがあるのです。

日本の対応

●北朝鮮のみならず韓国も脅威対象国となる最悪の事態に備える

我が国周辺の安全保障環境は劇的に変化していますが、とくに朝鮮半島の情勢の大きな変化は、我が国の防衛に直接的な影響を与えることになります。核ミサイルの開発を諦めない北朝鮮も問題ですが、今や反日の南北統一国家を志向する文在寅左翼政権が統治する韓国が厄介な存在になってきています。

文在寅政権は、日本を事あるごとに批判し、韓国にとって「唯一の敵は日本である」かのような振る舞いをしています。そして、瀬取りの監視に参加せず、日米が主導するインド太平洋戦略にも参加せず、GSOMIA（General Security of Military Information Agreement＝軍事情報包括保護協定）の破棄を通告するなど、およそ友好国には程遠い所業です。

さらに深刻なのは自衛隊と韓国軍の関係です。昨年（2018年）末のレーダー照射事件を契機として、嘘《うそ》の主張を繰り返す韓国軍に対する、自衛隊の不信感は修復しがたいまでに高まっています。

文在寅政権の韓国は、今までの日米韓の枠組みを離れており、「日米」対「中露朝」の対抗の枠組みにおいて、韓国の立ち位置は中露朝に近いと判断せざるを得ません。このような韓国に対しては、我が国は日本の国益を中心として毅然《きぜん》として対処すべきです。

核ミサイル開発を継続する北朝鮮が日本にとって脅威であることは、政府も防衛省も認めてきましたが、今や韓国も最悪の場合、日本の脅威になることを覚悟しなければいけない状況になってきました。

繰り返しになりますが、文在寅政権は過去に類を見ない反日・従北朝鮮の政権です。韓国が日本を仮想敵として国防力を増強する事態や、反日の統一朝鮮が誕生する事態をも考慮した対応が日本には求められています。

●日本の自助努力と日米同盟の強化が重要

トランプ大統領は、北朝鮮の非核化が進捗していないという批判に対して、「北朝鮮はロケットを発射していないし、核実験もしていない。日本はハッピーだし、アジア全体がハッピーだ」とツイートしましたが、不適切です。なぜならば、北朝鮮の核兵器は破棄されることなく存在し、短・中距離弾道ミサイルも廃棄されず、発射実験は続いているからです。我が国にとって北朝鮮は依然として脅威です。日本にとってハッピーな状況ではなく、最悪の状況です。

米国にとっては短・中距離弾道ミサイルは脅威ではないし、北朝鮮が喧伝するＩＣＢＭでさえ完成された兵器ではなく、脅威ではないと思っています。米国の脅威と日本にとっての脅威は違うという当然の事実を再認識すべきです。

我々は今、米韓同盟の形骸化を目のあたりにしています。米韓同盟の形骸化は、トランプ大統領と文在寅大統領の両方に責任があります。北朝鮮が非核化のための行動を何もとっていないにもかかわらず、自国の防衛態勢を弱体化させている文在寅大統領の責任は重いと思います。一方で、目的と手段が明確でない米朝首脳会談を繰り返し、在韓米軍の撤退を軽々に発言し、米韓合同演習を「挑発的で金がかかりすぎる」と放言し、北朝鮮の度重なる短距離ミサイルの発射を「問題ない」と認めるトランプ大統領にも問題はあります。

以上のような状況ですが、日米同盟が我が国の防衛にとって不可欠な存在であることに変わりはありません。我が国は、自らがすべき防衛努力をしっかりしながら、日米同盟の強化に向けた努力もしなければいけません。

我々が遭遇している大きな安全保障上の変化を奇貨として、憲法九条を速やかに改正するとともに、自衛隊の実力を十分に発揮することを妨げる専守防衛等の過度な自己規制を撤廃する必要があります。もしそうしないならば、日本の自衛隊は韓国軍にも侮られる存在になる可能性があることを指摘しておきます。

第四章

重要性を増す台湾

米中覇権争いのなかで、中国が核心的利益だと主張する台湾の重要性がますます認識されるようになっています。日本にとっても、経済、安全保障、政治の観点で台湾の重要性を認識する人たちが増えています。この傾向は、反日的姿勢を強める韓国とは対照的で、文在寅大統領の登場以来、日韓関係は最悪の状況になっています。日本の安全保障の観点で朝鮮半島は重要ですが、第一列島線の防衛を考えると、台湾は朝鮮半島以上に重要になってきたと言えます。

1　台湾の独立を巡る台湾と中国の攻防

中国にとって台湾は最も重要な「核心的利益」

中国は台湾を最も重要な「核心的利益」としています。台湾の独立は絶対に認めず、台湾の独立を助長する外国の干渉を断固として拒否する立場です。習近平主席は、この点に関しては主席就任以来一貫して主張しています。最近では、2019年1月2日、台湾の平和統一を呼びかけた「台湾同胞に告げる書」（1979年元旦、中国全国人民代表大会常務委員会が〝台湾同胞〟に「中台統一」を呼びかけた）の40周年記念式典の演説で「祖国統一は必須であり必然だ」とし、一つの国家に異なる制度の存在を認める「一国二制度」の具体化に向けた政治対話を台湾側に迫りました。

習氏は「平和統一、一国二制度」の基本原則を堅持する姿勢を示す一方で、「制度の具体化にあたっては、台湾同胞の利益と感情に十分配慮する」「私有財産や宗教信仰の自由などは十分に保障される」と主張しました。さらに「一つの中国」原則を基礎として、「台湾の各党派や団体」との間で政治問題や平和統一のプロセスに関する対話を実施すると表明しました。この表明は、政権与党である民主進歩党の存在を無視してその他の団体と対話をするというものであり、民進党の蔡英文《ツァイインウェン》総統は激しく抵抗しました。

習氏は平和的統一を強調する一方で、「武器の使用は放棄せず、あらゆる必要な措置をとる選択肢を残す」と述べ、「外部勢力の干渉や台湾独立分子」に対しては武力行使も辞さない姿勢を改めて強調しました。蔡英文政権への接近を強めるトランプ米政権を念頭に、「台湾問題は中国の内政問題であり、中国の核心的利益と民族感情に関わることであり、いかなる外部の干渉も許さない」と牽制しています。

習主席はまた、1月4日の中央軍事委員会の会議でも演説し、「我が国は発展の重要なチャンスを迎えているが、同時に予想が難しいリスクも増えている。危機意識を高め、軍事闘争の準備を着実に進めなければならない」と軍への指示を出しました。

2018年から続く米中対立は貿易摩擦から安全保障の領域にまで拡大しており、今後も対立が激化することはあっても、安易に妥協することはないと考えられます。中国の専門家らの間では今後、「核心的利益」である台湾や南シナ海などの問題でも衝突するのではないかとの見通しが広がっており、習氏は場合によっては武力使用も辞さない強硬な姿勢を年頭から見せることで、米国を牽制した形です。

米中対立は習主席の国内権力基盤にも影響を及ぼしていると思われ、平和攻勢にせよ、武力攻勢にせよ、台湾に対する統一圧力が一層強くなることは間違いありません。

一国二制度を拒否する蔡英文政権

習主席の「一国二制度」の具体化に向けた政治対話の呼びかけに対し、台湾の蔡英文総統は談話を発表し、「我々は一国二制度を絶対に受け入れない」として断固拒否する意向を表明しました。

蔡氏は「台湾の大多数の民意が一国二制度に強く反対している。これこそが台湾の総意だ」と指摘し、習主席が提案した台湾の党派や団体との政治対話も「台湾人民の授権と監督」を経た当局（つまり蔡政権）との間の対話でなければならないと否定しました。

また、中国と台湾が1992年に一つの中国の原則をそれぞれの立場で認め合ったとされる「92年合意」にも言及し、「合意が意味するところは、一つの中国原則と一国二制度による統一にほかならない」と批判しました。また、対話は「望んでいる」としつつも、平和的で対等な方式であるべきで、「圧力や威嚇を用いて台湾人民を屈服させる企てであってはならない」と述べました。

注目された2020年総統選挙

2020年1月11日に台湾総統選挙が行われましたが、台湾のみならず日米を含む多くの国々がその結果に注目していました。結果は、大方の予想通り、蔡英文氏が勝利しました。

この総統選挙に関連して、中国との統一を望まない人たちは強い危機感を抱いていました。この危機感を増幅させたのは香港における中国共産党とその支援を受けている香港政府の民衆デモに対する強圧的な対応でした。この香港の状況が台湾の総統選挙に大きな影響を与えたと思います。

総統選挙には民進党から現総統の蔡英文氏が、国民党から高雄《たかお》市長の韓国瑜《ハングオユー》氏が、親民党から宋楚瑜《ソンチューユー》氏が出馬しました。総統選挙の結果ですが、蔡英文氏の得票数は約817万票（57％）、韓国瑜氏の得票数は約552万票（39％）、宋楚楡氏の得票数は約61万票（4％）でした。総統選挙と同時に行われた立法院選挙においても、民進党が過半数を超す61議席を確保し、国民党は38議席でした。

ここで選挙戦を振り返ってみたいと思います。民進党の候補の蔡英文総統についてですが、2019年の統一地方選で大敗を喫した蔡総統は民進党の党首を辞任せざるを得ませんでしたが、総統選への出馬を表明しました。民進党内には有力候補として元行政院長の頼清徳《ライチンドゥ》氏がいたのですが、蔡氏が頼氏に勝利し、民進党を代表する総統候補者となりました。一時は国民党の総統候補に比較して蔡氏に対する支持率は低いものでした。しかし、香港の状況に危機感を抱いた台湾の国民の多くが反発し、反中国共産党の立場をとる蔡総統の支持率が徐々に回復しました。

一方、国民党ですが、高雄市の市長選挙に当選した韓国瑜氏が最終的に候補になりました。韓氏は、国民党の候補者争いで、台湾を代表するＩＴ企業である鴻海《ホンハイ》の郭台銘《グオタイミン》董事長との一騎打ちを制して、国民党の代表に決定しました。韓氏は、中国との交流を重視し、観光や流通で景気を良くする政策を訴え、既にその方向で中国との関係を強めています。統一地方選挙で当選した国民党系の市長の多くがこの動きに同調し、中国もこれをあと押しする様々な施策を打ち出しています。しかし、韓氏の支持率は、２０１８年の統一地方選挙の頃は高かったのですが、香港情勢の影響もあり徐々に低下していきました。

また、親民党から宋楚瑜氏が出馬しましたが、支持率が低く総統選への影響は小さく、蔡氏と韓氏との争いになりました。

蔡政権や軍関係者は、中国の統一工作（情報戦）を十分認識しており、総統選挙に中国を介入させないために対策を講じていました。ところが、選挙最終盤の1月2日、制服トップである参謀総長以下13人が搭乗していたヘリコプター（UH60M）が台北近くの山中に墜落し、参謀総長ら8人が死亡しました。この大きな事故のために蔡氏は選挙運動を3日間中断しました。事故の原因はまだ判明していませんが、何らかの工作活動があったのではないかという憶測もあります。

いずれにせよ、蔡英文氏が総統に再選されたことにより、中国共産党の圧力がますます強まることが予想されます。米国や日本などの民主主義国家の支えが不可欠になります。とくに、我が国の安全保障や南西諸島防衛に大きな影響を及ぼす台湾だけに、今後とも台湾情勢を注視すべきでしょう。

台湾アイデンティティーの動揺

台湾は日本の統治時代を経験し、その後の国民党の独裁体制を経て民主化を達成しました。日本と同じ、自由や人権、法治主義等の基本的価値観を共有する自由民主主義国家です。一方で、台湾の人々のアイデンティティーは、歴史的な経緯にも由来し、自ら

図4-1「台湾のアイデンティティー」

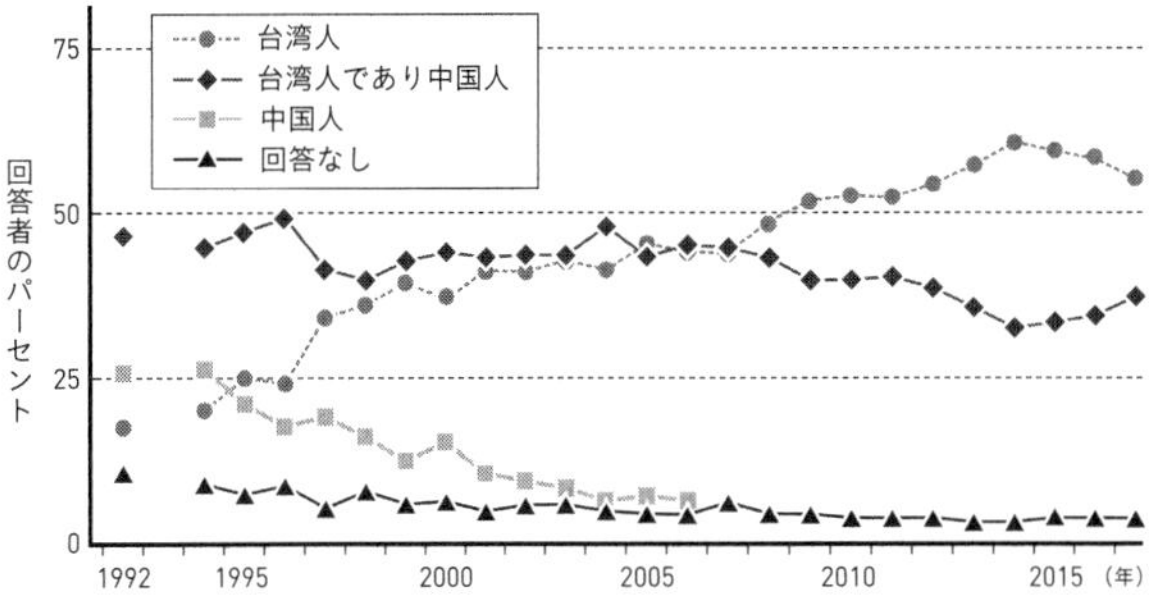

出典：Election Study Center, National Chengchi University

を中華民国の国民と認識する人、台湾人と考える人、また中国人（華人）と思う人が混在しています。年月の経過とともに、台湾人と考える人の比率が増加し、とりわけ李登輝《リートンホイ》総統の強いリーダーシップの下で民主化が達成されてから、若い世代の現状肯定・現状維持志向が強まり、台湾人としてのアイデンティティーを持つ人が多数派を占めてきました。

しかしながら、『天下雑誌』が２０１８年１月に発表した国情調査によれば、台湾人意識がここ10年で最大の落ち込み（２０１６年の61・6％から２０１７年の56・4％へ）を示しています。また、20代及び30代の若年世代においても同じ傾向（20〜29歳＝78・8％→72・8％、30〜39歳＝66・8

%↓59・0%）になっています。

同じ調査で、台湾人と中国人の両方とする人は2016年の28・2%から2017年の34・1%に増加しました。

独立に関する世論の動き

行政院大陸委員会（陸委会）が2018年11月1日に発表した、中台関係に関する最新の世論調査の結果は以下の通りです。

・独立か統一かについては、「なるべく早期の独立宣言」が8・6%、「現状維持後の独立」が14%、時間をかけて中台が一緒になるべきだとする「現状維持後の統一」が16%で、いずれもこれまで10年で最も高い数字となりました。
・中台関係については、広い意味の「現状維持」が83・4%で圧倒的な多数でした。うち「現状維持後に改めて決定」が31・1%、「永遠に現状維持」が22・3%であり、
陸委会の邱垂正《チウチュイチエン》副主任委員は「現状維持後の統一、独立を主張する意見でも、現状維

持が大前提となっている」と述べています。

・両岸による交流のスピードについては「ちょうど良い」が33・0％、「速すぎる」が10・0％、「遅すぎる」が39・7％でした。

・「政治、外交、軍事分野での中国の台湾に対する度重なる示威活動や圧力は、台湾海峡両岸の現状と地域の平和を破壊する行為である」との見方に同意する市民は8割近い78・3％を占めました。

・「中国が『両岸は一つの中国に属する』という主張を両岸の相互交流と台湾の国際参与の政治的前提とすることに賛同できない」とする回答は68・7％に達しました。

・「蔡英文総統が中華民国の持続的発展を主張し、台湾海峡とこの地域の安定を台湾住民の最大公約数とすること」について「支持する」は63・0％です。

・蔡総統が中国の圧力に対して、対立せず、屈せず、譲歩せず、衝突・対抗に走らず、民意に背かないと保証していることについて、62・1％が支持しました。

・「台湾の未来と両岸関係の発展は、台湾に住む2300万人の住民が決定する」ことに賛成は85・9％に、「政府が自由主義や民主主義といった価値観にこだわり、近い理念を持つ国々と協力し、台湾海峡及びこの地域の平和と安定にともに取り組んでいく」ことに賛成は79・0％に達しました。

以上の調査結果によると、台湾の民衆は強く現状維持を願っています。そして、中国の「一つの中国」の主張や示威活動・圧力に反対し、自由や民主主義などの価値観を共有する国々と協力しつつ地域の平和を維持していくという意見が多数です。これは現状維持を継続したあとに、両岸関係の未来を台湾住民が決定するという声が大半であると言えます。

中国の宥和政策に対する警戒心

前述の中台関係に関する調査で、中国の台湾に対する宥和《ゆうわ》政策に対する反応も公表されています。中国政府は2018年9月から、就業や就学のため中国で生活する台湾人に対し、中国人の身分証と同じく18桁の番号が振られた「台湾居民居住証」と呼ばれるカードを発行しています。これを「中国が台湾を統一するための政治工作である」と考える回答者は55・7％、「中華民国政府は法改正を行い、カードの受け取りを登録制にすべき」と考える回答者が49・3％となりました。また、「両岸の関連法令を強化し、必要な管理を行うべき」と回答した人が72・5％、「両岸の交流や協力事業が台湾住民の権益や公権力に関わる場合、双方がまずよく意思疎通を図るべきである」という政府の主張については86・8％が「賛成」と回答しています。

中国の宥和政策に対して警戒する人が半数を超え、台湾政府による登録制度や管理を強化する必要がある、少なくとも両岸の交流について、政府は中国の意図を十分確認すべきとの考えが支配的です。

報道の自由が保障された民主主義体制の台湾では、上記のような民衆のアイデンティティーや両岸関係の在り方、中国の硬軟織り交ぜた施策とそれに対する政権の対応など、国民世論が重要な指標となります。従って台湾国民の世論は中国のシャープパワーの主要な攻略対象であり、今後もその動向に注目することが必要です。

中国のシャープパワーの影響

台湾人と自任する意識の低下には様々な要因が考えられますが、杏林大学の渡辺剛教授は、中国のシャープパワーによる台湾への圧力が影響していると分析しています。シャープパワーとは、ハードパワー（軍事力や経済力など）とソフトパワー（文化・理念・政治的価値観の魅力など）に対し、権威主義国家（ロシアや中国）がフェイクニュースなどの情報操作や経済的な依存関係を利用した浸透工作によって、意図的に他国に対して影響力を行使することを指します。

中国は「三戦（世論戦、心理戦、法律戦）」の延長としてシャープパワーを効果的に行使し、中国の虚偽イメージの流布や経済的手法による取り込みと分断を２０１７年から強化していると言います。例えば親中国企業の「旺旺集団」は、７００億円で「中国時報」「工商時報」「時報周刊」「中央テレビ」「中視」などのメディアを買収し、いわゆる「赤色メディア」として親中国的な報道を繰り返しています。２０１９年6月23日には、この赤色メディアに反対する数万人レベルのデモが台北で発生しました。それほどまでに、中国によるメディアへの浸透が大きな問題になっています。

また、「三中一青」と呼ばれる中下層階級、中小企業、中南部（農村）及び青少年に対する各種優遇措置による親中派の拡大、「31項恵台措置」（２０１８年2月28日）と呼ばれる台湾企業優遇策によって、台湾からの大陸への企業誘致や投資を促進、海峡両岸の融和ムードを演出し、その影響力は軽視できない状況です。

また、少子化に苦戦する台湾の大学への留学生派遣、大陸から台湾への移住や婚姻の奨励（約80万人の大陸出身花嫁が居住）によって大陸系住民が増加し、彼らが政治的影響力を持つ地域も出始めていると言います。

中国のシャープパワーに対して情報統制やメディア規制の緩い民主国家である台湾は脆弱です。国民のアイデンティティーが一致していないため、分断工作が容易であり、経済的にも対中依存度が高く（輸出の4割、輸入の2割が中国で、ともに1位）、中国経済へ期待する世論には根強いものがあります。とくに若年層（18～29歳）は大陸雄飛を希望する者が6割を超え、4割を超える者が「中国は友好的」とする調査もあります。

また、漢民族、中華文明、中国語等の共有による親和性の強さも中国によるシャープパワーの影響を受けやすい土壌となっています。

蔡総統は台湾アイデンティティーの再構築のため、歴史観の修正や台湾社会の位置づけの改編（多元的移民社会）、教科書の大幅改訂による中国要素の相対化等の施策を実施していますが、思うような効果は上がっていません。むしろ、国民党との対立が先鋭化し、実を伴わない政策と政争は国民の政権への不満を招き、２０１８年の統一地方選挙の敗北につながったと言えます。

シャープパワーの影響が鮮明な金門島

筆者（渡部）は、２０１９年８月22日から23日の間、金門島を訪問しました。この訪問は、台湾の団体が主催する国際会議の一環として実現したものです。奇しくも、８月23日は１９５８年８月23日に中国本土から金門島に行われた「金門砲撃」の61周年の日でした。台湾は、この金門砲撃に耐え、さかのぼれば１９４９年に発生した人民解放軍による金門島攻撃を撃退（古寧頭戦役《こねいとうせんえき》）しました。つまり、中国本土からの攻撃を二度にわたり耐え忍んだのです。金門島は、台湾防衛における歴史的な勝利の島だったので

金門島の観光地に掲げられている毛沢東の肖像画

す。

しかし、いまや金門島は中国のシャープパワーの影響を強く受けています。金門島の観光地には毛沢東の肖像画が堂々と掲げられていますし、金門島の中心街の通りでは中国国旗「五星紅旗」がはためく中国派の店と台湾国旗「晴天白日満地紅旗」がはためく台湾派の店により真っ二つに分断されています。

さらに、２０１８年８月からは中国本土の福建省から水道管を通して水の供給を受けています。これは、親中国派の馬《マー》英九《インチウ》が総統時代の２０１６年に決定したものです。水の次は、電気と橋を中国本土と結合させる計画があり、今後ますます中国の影響を受けることになります。この点に関して、私と同行した台湾の教授は、「水や電気は、努力すれば金門島で自給自足できる」と断言していました。

馬英九は、このほかにも中国本土からの攻撃に備えて作った陣地などを平和公園にして観光客に公開しています。既に陣地には部隊が配置されていないので、有事における対処能力が大幅に低下するのは明らかです。親中派の馬英九の本質が表れていると思います。

以上のような状況は、中国の「戦わずして勝つ」状況が金門島で実現しつつあることを示しています。

安全保障上の不安と米国や日本の支援

シャープパワーに対する台湾の脆弱性は対応が非常に難しい問題ですが、基本的には台湾自身が台湾アイデンティティーを強化して解決すべき問題です。一方で、台湾の脆弱性に大きなインパクトを及ぼすもう一つの要素が安全保障上の不安という外的要因です。中国の一貫した軍事力強化によって台湾海峡の軍事バランスは中国優位に大きく傾き、中台の軍事力格差は広がる一方です。

中国の習近平政権は「文攻武嚇」を推進し、台湾周辺での軍事演習や周回飛行・航行等の軍事圧力をかけたり、台湾と国交を持つ国に断交を迫ったりして、台湾の孤立を図る外交圧力を強めています。前述の渡辺剛教授の分析によると、中国からの軍事・外交圧力に対する米国の保障・支援に対する期待と失望が、台湾民衆の中国に対する態度に大きく作用しています。すなわち、「米国の支援に対する失望感が強いほど中国に迎合する傾向が強く、逆に期待感が強ければ中国の圧力に屈しない」という相関関係があります。従って、米国の台湾防衛に対する軍事的な保障や各種支援が台湾の人々の中国のシャープパワーに対する抵抗力を強化することにつながります。

日本にとって、日米同盟を通じてアジア太平洋の平和と安定を維持することが国益に適います。そのためには、台湾の存続と台湾海峡の安定にも関与することが必要です。日本の意図を明示するだけでも台湾の人々にとっては大きな安心材料となり、日米同盟を通じた具体的な協力が進めば、一層台湾の脆弱性を低減することにつながります。中国の軍事的な野心に対し、日米台が協力して第一列島線の防衛体制を強化することが台湾の人々のアイデンティティーに関わる脆弱性の補強に有効であることを、私たちはもっと認識することが必要です。

台湾の防衛体制：自主防衛戦略の限界と新たな脅威「ハイブリッド戦争」

●日本の『平成30年版防衛白書』が記述する台湾

日本の『防衛白書』の平成30（２０１８）年版には、台湾に関してごく簡単に記述されています。日本が認識する台湾の防衛体制の要点を抜粋すると以下の通りです。

・中国は、外国勢力による中国統一への干渉や台湾独立を狙う動きに強く反対する立場から、武力行使を放棄していないことをたびたび表明。２００５年3月に制定された「反国家分裂法」においては、武力行使の不放棄を明文化。蔡政権発足後、中国は台湾との交流が既に停止されている旨発表。

・台湾は、「防衛固守、重層抑止」の軍事戦略、「プロフェッショナルな軍の編制」や

「情報・通信・電子戦能力の強化」を標榜《ひょうぼう》。2017年12月には、蔡政権下で初となる『国防報告書』を発表、従来の「水際決勝」（海岸で決着をつける）としていた戦術理念を「戦力防護（作戦の終始を通じて敵の攻撃から戦力を防護する）、沿岸決勝（近海での決戦により敵艦艇の撃破を図る）、水際殲滅《せんめつ》（海岸で敵上陸部隊を殲滅する）」と変更したほか、米国との軍事協力に「量・質ともに実質的進展を遂げている」と初めて言及。

・中台軍事バランスについて、台湾の2017年版『国防報告書』では、中国の軍事力が急成長を続け、軍改革、統合作戦、武器開発、海外基地建設などにおいて大幅な進展が見られるとしたうえで、「台湾にとって軍事的脅威が増大している」との認識を示している。全体として中国側に有利な方向に変化し、その差は年々拡大する傾向。今後の中台の軍事力の強化や、米国による台湾への武器売却、台湾による主力装備の自主開発などの動向に注目していく必要がある（次ページ図4-2「台湾と中国の兵力比較」参照）。

図4-2「台湾と中国の兵力比較」

		中国	(参考) 台湾
総兵力		約200万人	約22万人
陸上戦力	陸上兵力	約98万人	約13万人
	戦車等	99/A型、98A型、96/A型 88A/B型など 約7,400両	M-60A、M-48A/Hなど 約1,200両
海上戦力	艦艇	約750隻　178.7万トン	約390隻　20.5万トン
	空母・駆逐艦・フリゲート	約80隻	約20隻
	潜水艦	約70隻	4隻
	海兵隊	約1.5万人	約1万人
航空戦力	作戦機	約2,850機	約500機
	近代的戦闘機	J-10×370機 Su-27/J-11×329機 Su-30×97機 Su-35×14機 J-15×20機 J-16×16機 J-20×6機 (試験中) (第四・五世代戦闘機 合計852機)	ミラージュ2000×55機 F-16×144機 経国×128機 (第四世代戦闘機 合計327機)
参考	人口	約13億9,000万人	約2,400万人
	兵役	2年	1年 (ただし、1994年以降に生まれた人は4か月)

出典：『平成30年版防衛白書』

中台紛争が生起した場合、先島諸島のみならず沖縄本島を含む南西諸島は、中国・台湾・米国の軍事力が衝突する戦域となります。日本への武力攻撃がなくても重要影響事態や存立危機事態となることは間違いなく、その重要な当事者である台湾について、「動向に注目する」だけではまったく不十分と言わざるを得ません。日本の国民の理解と支持を得るためにも、日本の『防衛白書』には中台紛争に関わる日本の国益を明記し、日米同盟の枠組みの下及び日本独自に台湾防衛にコミットする前提で、台湾の防衛体制についてより詳細な分析と評価を記載する必要があります。

●台湾の2019年版『国防白書』が表明する防衛戦略

台湾は、2年毎の「国防報告」と「4年毎の防衛見直し（QDR）」を提出することが国防法（National Defense Act）に定められています。この規定に基づき、蔡英文総統就任後の2017年3月にQDRが、2017年12月に国防報告が公表されました。

QDRは新政権が前政権の国防政策・軍事戦略を見直し、確認した結果を公表する文書であり、2017年3月のQDRの「第二章戦略指針」では五つの戦略目標、すなわ

図4-3「台湾の防衛構想」

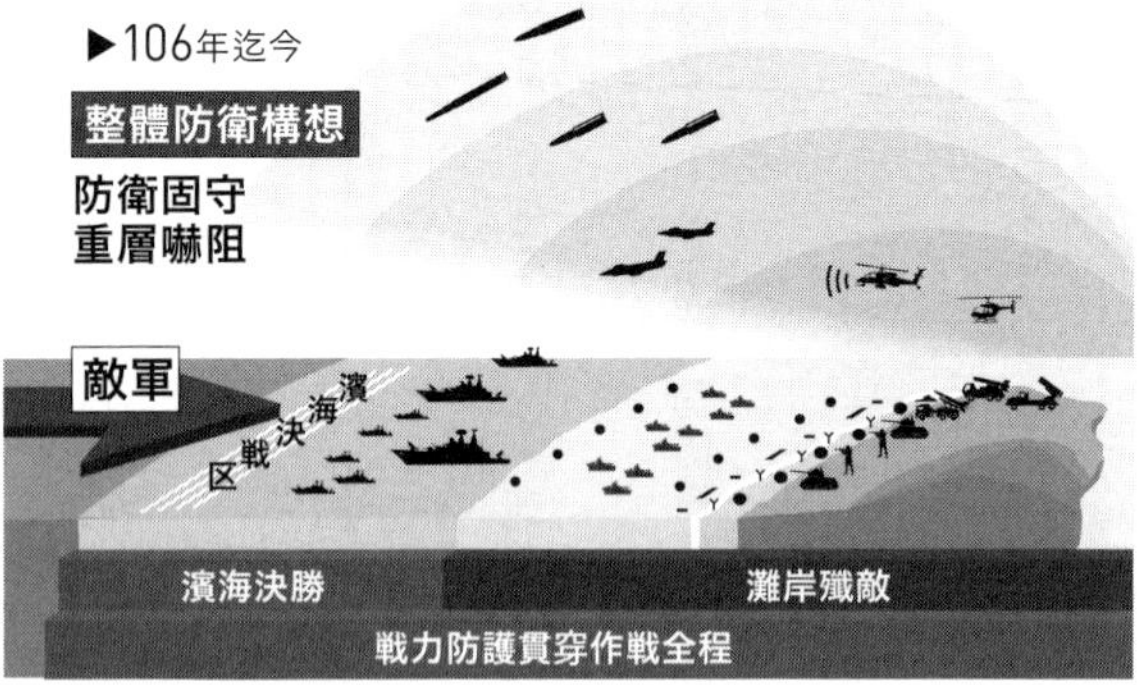

出典：2019年版台湾『国防白書』

ち①防衛国家安全（国家の安全を防衛）、②建制専業国軍（プロフェッショナルな国軍の建設）、③落実国防自主（自主的な国防の実現）、④維護人民福祉（国民福祉の防護）、⑤促進区域穏定（地域の安定の強化）——を掲げています。

蔡政権の最新の防衛政策・軍事戦略は2019年9月の国防報告で確認できます。2019年版は、QDRと同じく五つの戦略目標を掲げていますが、軍事戦略として①防衛固守・確保国土安全（国土の安全保障を確実にするための断固とした防衛）、②重層嚇阻・発揮連合戦力（統合戦力の発揮による重層的な抑止）を採用しています。

そして、①戦力防護（作戦の終始を通じて敵の攻撃から戦力を防護する）、②濱海決勝（近海での決戦により敵艦艇の撃破を図る）、③灘岸殲敵（海岸で敵上陸部隊を殲滅する）を三つの防衛構想とし、陸海空軍の統合戦力を発揮するなどして、「敵の台湾奪取という任務を失敗させる」という作戦目標を達成するとしています。

中国からのあらゆる領域における様々な脅威に対処する戦略ですが、率直に評価して「台湾独自で対処することは困難」と言わざるを得ません。

台湾の軍関係者は私たちとの意見交換で、台湾軍最大の統合訓練である「漢光演習」においても中国からの武力侵攻を当初3か月は単独で防衛することが基本シナリオであると話しました。「米国の軍事支援は米台二国間の条約によって保障されているわけではなく、仮に米国議会の決議を得て米軍が介入するとしても相当の期間が必要であり、自主防衛を基本とせざるを得ないのです」ということです。

台湾の国防報告には核抑止についての記載がありません。21世紀以降、台湾の政府関係者は明確な反核政策を打ち出すようになり、「五つのノー（核兵器は、研究せず、製造せず、保持せず、蓄積せず、使用せず）」が明示されるようになりました。前出の台湾軍関係者との意見交換で、中国の核兵器に対する台湾の核抑止について質問したところ、「中国が台湾に核攻撃するとは考えていない」との回答でした。政府の反核政策が軍人にも浸透しているためと思われますが、九州ほどの大きさの島国である台湾にとって核兵器の被害は国家の滅亡に直結する脅威です。それ故に中国共産党がその威信をかけて核による恫喝《どうかつ》を行う可能性は否定できません。米国にとっても、例えば「台北のためにニューヨークを犠牲にできるのか」という議論や、さらには「台湾防衛のために先制核攻撃するのか」という議論は、非常にハードルの高いものですが、台湾を無視することはできません。

とくに、北朝鮮が実質的な核保有国の地位を獲得しつつあり、ロシアとのＩＮＦ条約を離脱したあとの、中国を含む核兵器管理についての米国の動向が日本にとっても重要な意味合いを持つことを考慮すると、台湾を含む東アジア地域の核抑止と核管理・軍縮について日米台で認識を共有する必要があると考えます。

2　米国にとっての台湾

トランプ政権には、反中国・親台湾の人たちが多く、台湾を統一しようとする中国を牽制する動きを強めています。

「インド太平洋戦略」で記述されている台湾

米国にとっての台湾の重要性について、米国防省は「米国は、ルールに基づく国際秩序の維持に死活的な利益を有している。その観点で強く・繁栄し・民主的な台湾を望む」「中国が台湾に対する圧力をかけ続けているため、米国と台湾のパートナーシップは極めて重要だ。インド太平洋地域の安全と安定のために、台湾関係法を誠実に履行する」と「インド太平洋戦略リポート」に記述しています。

台湾海峡有事に関しては、「中国は台湾との平和的統一を主張しているが、軍事力の行使を放棄したことはなく、今後の軍事行動に必要な高度な軍事力を開発・配備し続けている」「台湾海峡有事を想定して、人民解放軍が台湾の独立を阻止したり、必要に応じて独立を放棄させたりするなかで、軍事的関与の重要性が増している。人民解放軍は、武力による台湾と中国の統一を図る一方で、台湾のために第三者が介入することを阻止すると宣言している。中国は、台湾への総合的な圧力の一環として、台湾周辺において空軍の遠洋巡航演習や東シナ海における海軍演習を増加させている」と記述し、米軍による軍事的関与の重要性を主張しています。

米国の台湾への関与について、「台湾に対する防衛関与の目的は、台湾が安全で、自信を持ち、強制されることなく、平和的かつ生産的に中国本土に関与できるようにすることだ」「米国防省は、台湾が十分な自衛力を維持するために必要な量の物品及び役務を台湾に提供することにコミットしている」と記述しています。

トランプ政権は過去の政権とは違って、たびたび台湾への積極的関与を表明していますが、「インド太平洋戦略」でも台湾支持の姿勢は明確です。

不安定な米台の協力枠組み：米国の国内法「台湾関係法」の重要性と限界

●台湾関係法の成立

１９７１年、「ニクソン訪中宣言」が突如、発表され（いわゆるニクソン・ショック）、それに引き続き、国連総会２７５８号決議採択により、台湾は国際連合から脱退し、日本及び米国は中国との国交を正常化するに至りました。この時点で米国は、以下の３点で中国と合意しています。

・米国は、中国がただ一つであり、（中国が）台湾は中国の一部分であると主張していることを認識し、米政府はこの立場に異を唱えない。
・米政府は、中国人自らによる台湾の平和的解決についての関心を再確認する。
・上記展望を念頭に、米政府は台湾からすべての米国軍隊と軍事施設を撤去することを目標に漸進的に軍の撤収を実施する。

なお、正式な米中の国交正常化は、カーター大統領と鄧小平との間の交渉によって、

1979年に成立しています。その結果、米国は台湾の中華民国政府と断交し、1980年に米華相互防衛条約が失効しました。これに対し米国議会は、台湾を放棄したとの印象を回避し、また台湾への武力侵攻を抑止するため、新たに以下の4点を中心とした「台湾関係法」を制定し、引き続き「台湾防衛」に責任を有することを明言しました。

・米国の中国との外交関係樹立決定は、台湾の将来が平和的手段によって決定される期待に基づくものである。
・平和的手段以外による台湾の将来を決定する試みは、いかなるものであれ、西太平洋地域の平和と安定に対する脅威であり、米国の重大関心事である。
・防御的な性格の兵器を台湾に供与する。
・台湾人民の安全、制度に危害を与えるいかなる武力行使やその他の強制措置に対抗し得る米国の能力を維持する。

●台湾関係法の要点と問題点

関係法の第五条以下は表題から分かる通り事務的な手続きの規定であり、法の要点は以下の3点に集約できます。
・合衆国の中華人民共和国との外交関係樹立の決定は、台湾の将来が平和的手段によって決定されるとの期待に基づくものであり、それまでは台湾との関係を、1979年1月1日以前に中華民国として合衆国により承認されていた台湾の統治当局との関係と実効上ほぼ同等に維持する。
・平和手段以外によって台湾の将来を決定しようとする試みは、ボイコット、封鎖を含むいかなるものであれ、西太平洋地域の平和と安全に対する脅威である。それは、合衆国の重大関心事と考え、台湾人民の安全または社会、経済の制度に危害を与えるいかなる武力行使または他の強制的な方式にも対抗しうる合衆国の能力を維持する。
・大統領と議会は、台湾の需要に関するおのおのの判断にのみ基づき、十分な自衛能力の維持を可能ならしめるに必要な数量の防御的な器材及び役務を台湾に供与する。

日米安保条約と比較すると台湾関係法がいかに限定的な内容であるか、一目瞭然です。
米国は台湾の将来を決定しようとする平和手段以外の試みを米国の重大関心事と認識す

ることを表明していますが、それを阻止するとは言っていません。台湾への武力行使等に対抗できる米国の能力を維持することを決めているだけです。元外交官の岡本行夫氏はあるセミナーで、「台湾が独立宣言をしていないにもかかわらず中国が攻撃した場合、米国は七割の確率で介入する」と発言されました。七割の根拠は岡本氏の幅広い関係者との意見交換等を踏まえた氏の直感だそうですが、仮に中国が同じ見積もりをしたならば武力侵攻のハードルはかなり下がると考えられます。いずれにしても、台湾関係法の限定的な内容は米中で誤算や誤解を生む可能性が高いと言わざるを得ません。

さらに、台湾関係法は、平和的な手段によって台湾が中国と統一することを否定していませんし、むしろ平和的な統一を肯定しているようにも読めます。中国の三戦戦略やハイブリッド戦は巧妙な形で平和的手段を装うことが可能です。今のところ、台湾国民の大半は、「一国二制度」による統一を断固拒否していますが、中国への経済的な依存が強まれば世論も変わる可能性があります。香港の現状を見ても、一度統合されれば長い時間をかけて共産党の締めつけが強まることは間違いありません。このようなグレーゾーンの攻防について、米国の毅然としたコミットメントが必要だと考えます。

トランプ政権の台湾政策

２０１６年12月２日、大統領選に勝利したトランプ氏は蔡英文総統と電話会談を行いました。約10分の短い時間でしたが、米台断交後初めて、次期米大統領と台湾総統が直接会話したことで大きなショックを世界中に与えました。さらに、同月11日、トランプ大統領は、『フォックスニュース』のインタビューに答え、「歴代政権が堅持してきた『一つの中国』政策という原則には縛られない」と述べ、就任前から台湾支持の姿勢を鮮明にしました。２０１７年２月、トランプ大統領は就任後初めて習近平国家主席と電話会談し、「中国本土と台湾は不可分だとする『一つの中国』の原則を尊重する」と伝えましたが、その後の米国側の台湾を支持する重要な動きやＮＳＳ（２０１７年12月）に明記された対中戦略、あるいはペンス副大統領演説（２０１８年10月）の中国に対する全面対決宣言等を踏まえるとトランプ政権の親台湾政策は明確です。

トランプ政権の台湾に関する重要な施策は以下の通りです。

・２０１７年12月にトランプ大統領が署名し成立した２０１８会計年度の国防授権法は、米艦船の高雄など台湾の港への定期的な寄港、米太平洋軍による台湾艦船の入港や停泊の要請受け入れなどを提言。
・２０１８年３月16日、トランプ大統領は台湾旅行法案に署名し、同法は成立。同法はすべての閣僚を含む米台の高官交流が「米政府の政策であるべきだ」と規定。議員立法で提案され、上下両院とも２月末までに全会一致で可決。法案は大統領が署名しなくても自動成立するが、トランプ氏はあえて署名することで支持する姿勢を鮮明化。
・２０１８年６月12日、台湾にある米代表機関、米国在台湾協会（ＡＩＴ）台北事務所の新庁舎落成式が行われ、米国からはロイス米国務次官補（教育・文化担当）とハーパー議員が出席。台湾の蔡英文総統もスピーチ。
・２０１８年８月13日、トランプ米大統領は２０１９会計年度の国防権限法案に署名。同法１２５７条では、台湾の軍事力増強に関する提言がなされ、台湾の軍隊や予備役兵力に対して適切な評価や提言を行うことを米国防長官に求めた。

さらに、法案公布から1年以内に国務長官と協議を行い、台湾の軍事力の評価などについて議会の関連委員会に報告することを国防長官に要請。同法1258条では、米議会の意見として、米国は台湾との国防や安全保障における連携を強化すべきなどとする立場が示されました。加えて、海外からの防御用兵器調達に対する強力な支援や台湾への武器供与の予測可能性向上なども提言されました。また、台湾との実地訓練や軍事訓練を行う機会の促進や、台湾旅行法に基づく米台双方の国防関連の高官らによる交流の促進について記述しています。

アジア再保証イニシアティブ法（ARIA）

2018年12月31日に成立した「アジア再保証イニシアティブ法（ARIA：Asia Reassurance Initiative Act）」の第209条には「台湾へのコミットメント」と題して以下の規定があります。

（a）米国の台湾へのコミットメントは米国の政策である

①米国と台湾の間の緊密な経済的、政治的及び安全保障の関係を支援する

②1979年の台湾関係法、三つの共同コミュニケ[※1]及び1982年7月にレーガン大統領によって合意された六つの保証に基づき、台湾に対する米国政府のすべての約束は誠実に執行される。

③現状変更の試みに対抗し、台湾海峡の両岸が受け入れ可能な平和的解決を支援する。

（b）台湾への武器売却

大統領は、中華人民共和国からの現在及び将来の脅威に備えるために整えた台湾への防衛装備品の定期的な移転を実施すべきであり、これには非対称的な（相手の強点を避け、弱点を衝《つ》くような）能力を開発するための台湾の努力への支援が含まれる。必要に応じ、機動性、残存性を備えた費用対効果の高い能力を台湾軍に提供することが含まれる。

（c）旅行

大統領は、台湾旅行法に基づき、米国の高官による台湾訪問を奨励すべきである。

●レーガン大統領の六つの保証とＡＲＩＡ

ＡＲＩＡの内容は従来から米国政府が採ってきた政策とほぼ同じですが、レーガン大統領の六つの保証を法制化した意義は大きく、中国は強く反発しています。レーガン氏は台湾との公的関係回復は断念しましたが、親台湾の姿勢は大統領当選後も変わらず、１９８２年には台湾に対する「六つの保証」を決めました。

①台湾への武器供与の終了期日を定めない。
②台湾への武器売却に関し、中国と事前協議を行わない。
③中国と台湾の仲介を行わない。
④台湾関係法の改正に同意しない。
⑤台湾の主権に関する立場を変えない。
⑥中国との対話を行うよう台湾に圧力をかけない。

※1　１９７２年の交流再開に関する上海コミュニケ、１９７５年の外交関係樹立に関する共同コミュニケ、１９８２年の武器売却に関する八・一七コミュニケ――の三つ。

蔡英文総統は2018年8月、中華民国（台湾）と正式な外交関係を持つパラグアイとベリーズを訪問し、往路には米国のロサンゼルス、帰路にはヒューストンでトランジット（乗り継ぎ）を行いました。トランジットのためロサンゼルスに滞在している蔡総統は現地時間の13日午前、ロナルド・レーガン記念図書館を参観、同図書館が収蔵するベルリンの壁の前で、報道陣に向けて初めて談話を発表しました。蔡総統は、レーガン氏が在任中に表明した台湾に対する「六つの保証」は今なお米国の対台湾政策の重要な基礎で、台米関係を決定する非常に重要な約束であるとの見方を示し、レーガン氏の、「どんなことでも話し合える。我々の自由と我々の未来については妥協できないことを除いては」という言葉を引用、「これは台湾の人たちの今の心境だと信じている」と述べたと報道されています。

トランプ政権の武器供与

米国務省は2019年7月8日、総額22億ドル（約2400億円）相当のM1A2T

図4-4「中台の近代的戦闘機の推移」

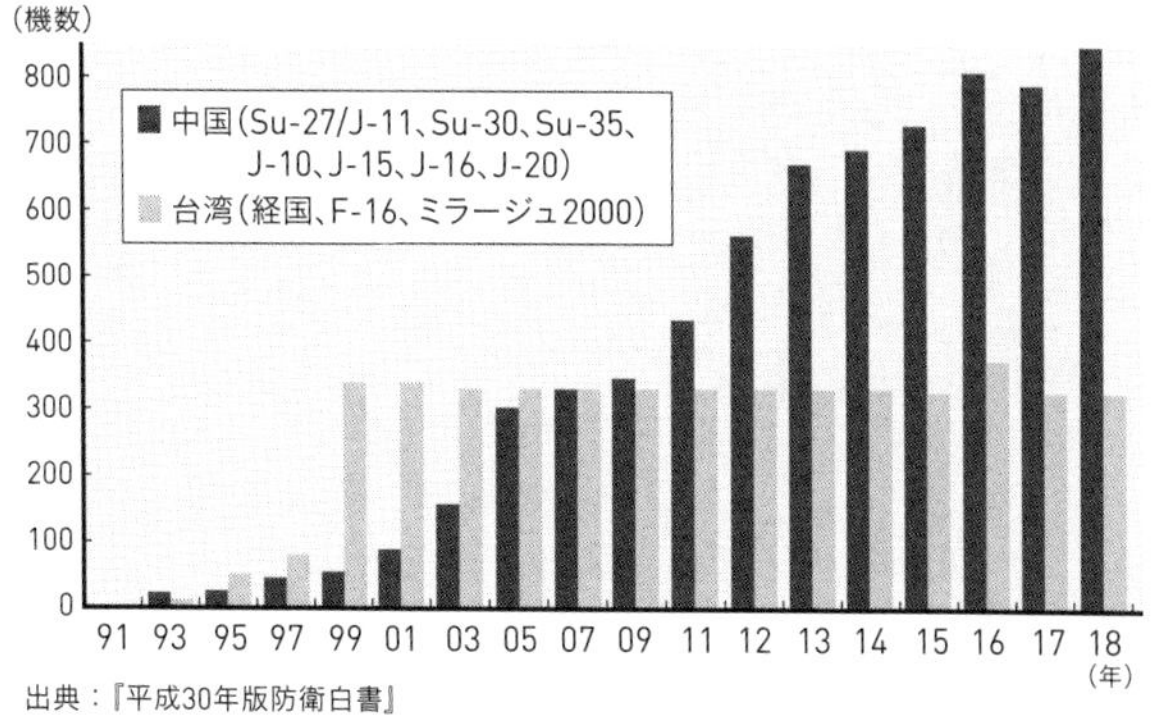

出典：『平成30年版防衛白書』

エイブラムス戦車を１０８両、スティンガー携帯型地対空ミサイル２５０発を台湾に売却することを承認しました。これに対して台湾総督府は米国政府に対して「深い謝意」を表明しています。一方、中国は、米国に「強烈な不満と断固たる反対」を伝え、「直ちに取り消す」よう要求しました。

さらに、米トランプ政権は8月20日、議会に対してF-16戦闘機の売却を認める方針を通知しました。この66機計80億ドル（約８５００億ドル）のF-16売却が成立すれば、台湾の防衛力は格段に向上します。さらに、近年にない台湾への巨額武器売却が、総統選挙において蔡英文氏を応援するという意思表示であり、その意味するところは大です。

一方、台湾が希望する最新型の装備品（F－35）や潜水艦等の武器供与は行っていません。これについて、米国紙ウォール・ストリート・ジャーナル（WSJ）は２０１８年9月12日付の社説で、「米国政府は、台湾関係法で定められているにもかかわらず、台湾が自衛のために必要とするだけの武器を供与していない」と批判しましたが、妥当な指摘です。

米国政府にとって、台湾への武器供与の問題は中国との軍事的衝突を招来する可能性もありますし、米国が提供した兵器の技術情報が中国に漏れる可能性など、様々な要素を考慮して判断していると思われます。

淡江《たんこう》大学の黄介正《ホアンジエジョン》准教授は、２０１８年11月6日付の日本経済新聞で「米は台湾への軍事協力を通じ、高度な技術が中国に流出するのを恐れてきた面もある」と話しています。中台が蜜月だった国民党の馬英九政権時代、台湾軍に潜入した中国のスパイが米の技術を持ち出すとの懸念が拡大し、武器売却の障壁となってきたと指摘しています。

統合防空ミサイル防衛（ＩＡＭＤ）構想※2と台湾の樂山《ルーシャン》レーダー

●ＩＡＭＤ（Integrated Air and Missile Defense）とは

ＩＡＭＤは、米軍の統合防空ミサイル防衛構想ですが、インド太平洋地域の防衛、とくに日本の防衛と密接に結び付いた構想です。ＩＡＭＤが想定する脅威対象は、大陸弾道弾（ＩＣＢＭ）等の弾道ミサイル、巡航ミサイル、有人・無人航空機、短射程のロケット弾、野戦砲弾、迫撃砲弾です。

ＩＡＭＤの目的は、敵の航空・ミサイル戦力による攻撃を無効にすることにより、米本土と米国の国益を防衛し、統合部隊を防護し、その行動の自由を確保することです。

ＩＡＭＤとは、そのような目的を達成するための諸能力と重層的な諸作戦を総合した防衛構想です。ここにいう「重層的な諸作戦」は以下の三つの作戦のことです。

※2　防衛研究所、米国におけるＩＡＭＤ（統合防空ミサイル防衛）に関する取り組み。

①敵の策源地[※3]に対する攻撃作戦で、敵航空機及びミサイルの攻撃を未然に封殺するための作戦です。レフト・オブ・ローンチ（敵の攻撃以前）作戦とも呼称されます。

②敵航空機及びミサイルの攻撃開始後にこれを破壊する作戦。防空作戦やミサイル防衛などの積極防衛（active defense）作戦です。ライト・オブ・ローンチ（敵の攻撃後）作戦とも呼称されます。

③攻撃を受けた場合、友軍の作戦への影響を最小化する作戦です。偽装や抗堪化（工事などにより、相手の攻撃に耐える能力を高めること）などによって被害を局限するための消極防衛（passive defense）作戦です。

　米国の各地域別統合軍は、担任地域及び任務の特性に応じたＩＡＭＤの計画及び実行に取り組んでいます。とくに米インド太平洋軍は中国のＡ２／ＡＤ脅威に対応するために、「前方展開戦力を使用した弾道ミサイル防衛態勢の維持」をＩＡＭＤの優先課題としています。そのため、ターミナル段階高高度地域防衛（ＴＨＡＡＤ《サード》）システムのグアムや韓国への配備や最新鋭イージス艦の展開などにより能力の向上を図っています。これらのシステムが将来的には、日本のイージス艦やイージスアショアと連携しますし、台湾の樂山にある巨大レーダーとも連携してくると思います。

●樂山にある巨大なレーダー

台湾の標高2500m級の山である樂山の頂上には巨大なレーダーが立っています。このレーダーは、米国が米本土に向かって発射される戦略弾道ミサイルをいち早く捕捉するために開発したPAVE PAWS戦略レーダーを基に造られたもので、二つあるアンテナの直径は30m以上あります。弾道ミサイルだけでなく、巡航ミサイル・航空機を捕捉できるように性能が改善され、探知距離は3500km以上と言われています。

フジテレビ報道局上席解説委員の能勢伸之氏は、樂山からは2000kmの距離にある南シナ海全域が監視できるうえ、中国本土から発射されるICBMを捕捉する能力も想

※3　一般的には、前線の作戦部隊に対する補給などの支援基地のこと。本書においては、自軍を攻撃する兵器の所在場所を含めて策源地とする。

図4-5「樂山にある巨大レーダー」

出典：https://wired.jp/2013/03/11/taiwan-radar/

定されると指摘しています。つまり、米本土防衛に直結する〝戦略弾道ミサイルを見張る眼〟として、米国防当局にとっても極めて重要な存在に映るだろうと指摘しています。

能勢氏はさらに、このレーダーが破壊されれば、米本土に向かう戦略弾道ミサイルを見張る眼が利かなくなることを意味し、この〝眼〟を米国が防衛するなら、それは米国による台湾防衛にも直結すると分析しています。このように台湾防衛と日米の自国防衛が密接不可分となるべく、装備の配置やC4ISR（指揮、統制、通信、コンピューター、情報、監視、偵察）の連接等を工夫することも重要です。[※4]

台湾の樂山レーダーは典型的ですが、米インド太平洋軍の統合防空ミサイル防衛（ＩＡＭＤ）態勢の構想には台湾が入っていると予想され、当然ながら日米のＩＡＭＤとも密接な関係があります。台湾の関与を含めて、共同で軍事作戦を遂行するためにはＣ４ＩＳＲの相互運用性が必要です。日米が既存のＢＭＤ（弾道ミサイル防衛）システムをベースに指揮統制関係や情報共有要領等を共同で研究することで、いざというときに台湾との相互運用性を確保するために必要なデータを把握することが可能になります。

3　日本にとっての台湾

日台関係の強さ

日本と台湾は公式の外交関係がありませんが、相互の好感度は非常に高く、貿易・観

※4　https://www.fnn.jp/posts/00374590HDK

光・文化等の実質的な交流は非常に活発です。これは、民主主義、自由主義、基本的人権の尊重、法治主義等の基本的な価値観を共有し、社会道徳や礼儀作法の相互理解があるからだと思われます。また、日本のアニメや料理などの文化が持つソフトパワーも台湾国民の親日感情を高めていると考えられます。

日本と台湾はともに地震や台風などの自然災害が多い国であり、東日本大震災のときには台湾の政府機関、個人、慈善団体等から集まった253億円の支援金が日本に贈られました。一方、昨年（2018年）2月の台湾東部花蓮《かれん》県の地震のときには、日本から同県に7200万円を超える支援金が贈られるなど、被災地を互いに支援する関係が定着しています。

とくに、日台の経済関係は良好であり、2015年の貿易額は約580億ドル、台湾から見て第三位、日本から見て第四位の相手国となっています。また、近年、経済的な国際進出の動きが加速しており、国交を有しないニュージーランド及びシンガポールと自由貿易協定（FTA）を確立し、台湾の環太平洋パートナーシップ協定（TPP）へ8年以内の加入を宣言し、日米からもこれを歓迎する意向が表明されています。

これを現在の中国と比較した場合、日本の対台湾貿易総額は対中総額の半分程度にすぎませんが、収支バランスは対中貿易が大幅な入超（赤字）であることに比較して、対台湾貿易は大幅な黒字です。

また政治的側面ですが、台湾においては、２０１６年に実施された総選挙によって、民進党が第一党となり、蔡英文政権が誕生しました。この政権は「両岸関係の現状を維持」と表明しているものの、明らかに中国と一線を画しており、より親日的であると言えます。その証左として、前の馬英九政権が実施していた「沖ノ鳥島」周辺への公船の派出を中止するなど、日本に対する配慮を示しています。

また、米国は対中戦略を改め、明らかに台湾寄りの政策を採りつつあります。この情勢下に、日台の経済的な結びつきを強固とする「自由貿易協定」の早期成立を図るべきです。そして、台湾に対する各種支援を促進、その過程において、日台間に横たわる領土・海洋権益問題などの諸問題に対して解決の道筋をつけることが肝要と考えます。

安全保障面でも、日本と台湾は中国という共通の脅威に直面していますし、日本の防衛上も、台湾の地政学的な重要性は極めて大きいものがあります。我が国も米国と歩調を合わせ、中国の経済力伸張を抑制すべき政策が必要な時期に来ているものと思います。

以上から導き出せる結論は次の通りです。「日本は対中戦略を考慮して台湾関係を見直すべき」です。私は今まで、我が国にとって戦略立案上、ほとんど顧みられなかった台湾といかに連携するかを真剣に検討すべき段階に入ったと考えています。台湾が我が国の国防上極めて重要であり、共通の脅威に直面した現在、運命共同体に近い関係にあることもまた事実です。

台湾は今、その対中脅威の高まりに直面し、防衛装備を更新している真っ只中にあり、米国もこれを是認し、梃《てこ》入れを開始しています。現状、台湾は日本の支援を必要としており、安全保障環境に鑑みれば、より強い台湾は、我が国にとって望ましい存在です。支援とは、相手が最も必要としている時に実施するのが効果的であって、時期を外せば、その効力は激減します。今がまさにその時であると思います。

真の信頼関係を結ぶために

台湾は現在、新しい国防政策を決定し、その防衛力の大幅な増強を図っていますが、同計画は台湾の能力に鑑みて、明らかに過大な計画です。このため、台湾は諸国に支援を仰いでおり、台湾と地政学的なつながりの深い我が国は、この支援を実施できる格好の位置に存在しています。もちろん、台湾支援が中国の大きな反感を招く以上、我が国単独でこれを実施するには限界があり、本支援は、その具体的な内容、支援時期について米国と密接に協議しつつ実施する必要があります。

米国は、台湾に対して２０１８会計年度国防権限法及び台湾旅行法を可決、台湾に対する軍事演習・訓練への参加、人的交流、防衛交流を解禁するとともに軍事的な支援を強化しています。現状、米国は中国に一定の配慮を示しつつも、その反発を無視して台湾を明確に支援する覚悟を保有していると言えます。

我が国はこれを利用して、米国経由で台湾に対する軍事的な支援を行うべきであると考えます。例えば、防衛装備品・防衛技術については、これを米国に輸出、当該装備品が米国経由で台湾に到着することを黙認するなどの手法が考えられます。もちろん、本行為は日本政府の監督下、民間同士の交流を通じて実施するなど、目立たぬよう実施する必要はありますが、中国の強烈な反発に直面した場合においても、安易に変更しない覚悟が求められます。

また、軍事的な支援の一環として、部隊運用に関する支援も必要です。米国の実施する図上及び実動の多国間演習に、双方が個別的に参加し、結果として、米軍を仲介として相互の作戦思想・部隊運用の整合を図るとともに、段階的な各種訓練の実施を図ることが適切です。そして、アジア地域で大規模な災害が発生した場合などの人道的な活動の機会を捉え、日米台が近接した区域で活動を実施することにより、これらの訓練結果の検証を実施する機会を設けることが適当と考えます。

防衛関係者の人事交流についても同様に、実施する方策は存在します。台湾は、設立当時からある時点まで日本の軍事支援を受けてきた歴史があり、「日華平和条約」下では防衛交流も実施されてきたため、この種の交流、支援を切実に希求しています。例えば、2018年10月、台湾の呉釗燮《ゴチャオシエ》外交部長は中央通信社インタビューで、日台の直面する中国の脅威を受け、安保情報の交換・防衛対話の必要性などに言及しています。このような台湾からの支援要請を日本は国交がないことを理由に、口先だけの対応で受け流してきました。この日本の対応は台湾側の不信感を生み、台湾の日本に対する期待が希薄化しかねない状況にあります。今後、増大する対中脅威に鑑みれば、台湾に対する軍事支援について真剣に検討すべき時期を迎えているものと考えます。

以上、台湾支援策について述べてきましたが、現状、台湾内部には中国の諜報網が高度に組織されていることは想像に難くありません。この点を考慮すれば台湾に提供する技術・軍事情報については、情報保全上の十分な配慮が必要です。

さらに、台湾にとっては日本に裏切られたと実感した歴史的事実があります。米中国交正常化という歴史の流れとはいえ、1972年に日本は日中共同声明を発表するとともに日台間の条約である「日華平和条約」の終了を宣言し、一方的に台湾との関係を断ちました。これに対し台湾外交部は日本の一方的な措置を批判しつつも民間交流を存続させる意思を示し、非政府間の実務関係が維持されてきたわけです。台湾からすると、台湾関係法という国内法で台湾の安全保障にコミットしている米国と比較し、日本に対する期待は大きいものの、いざというときにあまり頼りにならないと思わざるを得ない状態にとどまっています。

台湾軍と自衛隊の交流や協力についても、台湾からの一方的なラブコールに日本がつれなくしているというのが実態です。

既に述べてきたように、中国の台湾統一に対する圧力がかつてないほど高まっている現在、このような偏った関係は速やかに是正し、日台関係の弱点を克服すると同時に国民の友好関係を公式な信頼関係に高めることを急がねばなりません。

そのためには、日本が中国の圧力に屈することなく、台湾防衛が日本の防衛と密接不可分であり、第一列島線の共同防衛態勢を米国とともに構築することを明言することが必要です。日本の一方的な断交に対し、「すべての日本の反共の人士に対し、依然、引き続いて友誼《ゆうぎ》を保持する」と意思表示した台湾人士に対し、今こそ報いるべきです。

中国共産党独裁政権の脅威に対し、できれば、米国の台湾関係法をモデルに、日本と台湾の安全保障協力に関する国内法を整備することを目指すべきだと考えます。少なくとも、戦前には台湾を領土とし、敗戦とともに放り出し、1972年に再び断交した日本は、台湾の存続に責任の一端があることを自覚する必要があります。

図4-6「台湾周辺の中国艦艇・航空機の活動」

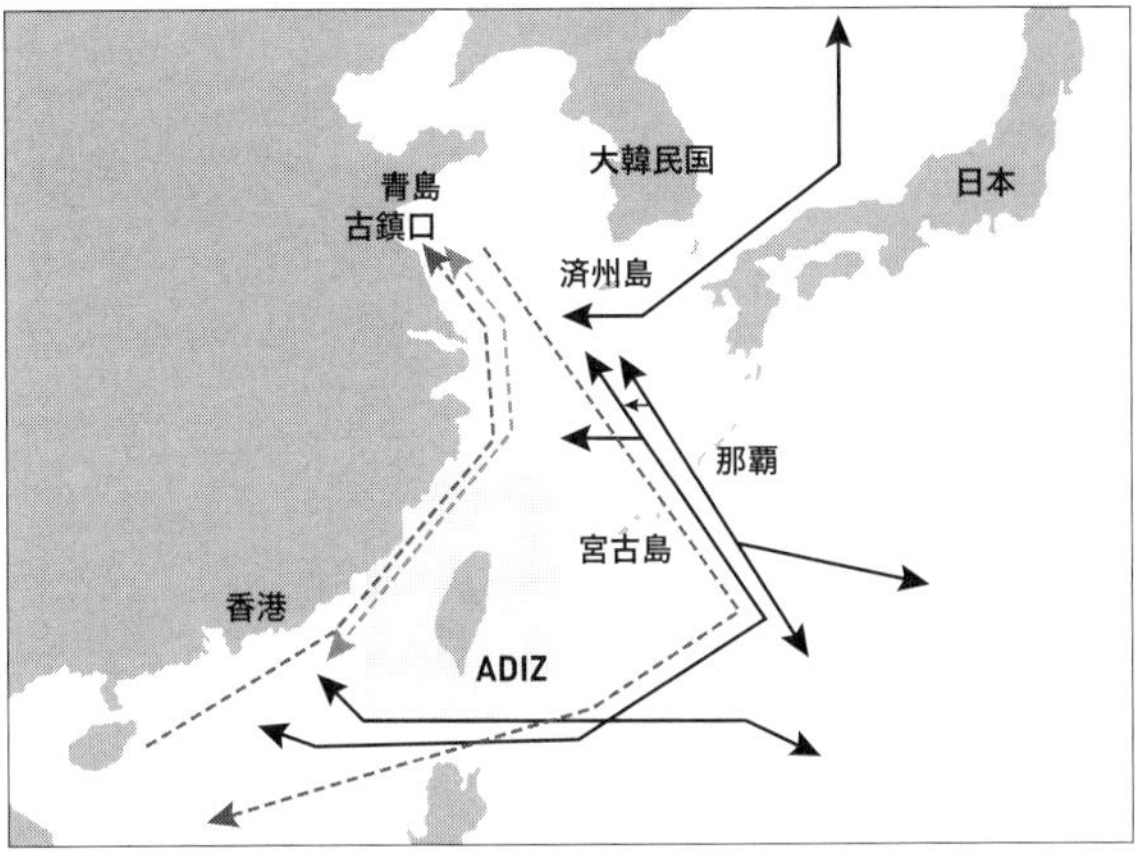

出典：2017 Taiwan National Defense Report

貧弱な日台の安全保障関係

上図は、人民解放軍の艦艇と航空機の活動状況を表していますが、人民解放軍の兵器が近代化されるに伴って、その活動範囲が拡大していることが分かります。点線が空母遼寧《りょうねい》と戦闘艦艇の動きを表していますが、米軍の空母機動部隊の真似ごとをしています。実線は、爆撃機H－6、早期警戒管制機KJ－200、戦闘機Su－30など航空機の動きを表しています。実はこの図は、自衛隊が入手した台湾の東側の部分の情報を台湾軍が利用し、台湾軍が自ら入手した台湾西側部分の情報と合体させた情報図になっています。日台の情報の交流が濃密になされていれば、もっと簡単に人民解放軍の全体像が把握できると思います。

海上における日台交流の欠落

強固な日米同盟のみならず、非公式かつ不安定な米台関係に比較しても、日台の安全保障関係は極めて貧弱と言わざるを得ません。中国の防衛駐在官を経験した海上自衛隊幹部学校の戦略研究室長・山本勝也1等海佐は、「防衛駐在官の見た中国（その31 中国尖閣諸島　台湾」で次のように指摘しています。長文ですがそのまま引用します。

〈日中共同声明以降、日台間は非政府間の実務的関係として維持されているため、防衛省・自衛隊と台湾国防部・台湾軍、海上自衛隊と台湾海軍との二国間の交流は行われていない。また、台湾はARF、ADMMプラス、WPNS等のメンバーではないため、そうした多国間の場での交流の機会もない。

海上法執行機関の場合も同様であり、海上保安庁や中国海警局がメンバーであるアジア海上保安機関長官級会合や北太平洋海上保安フォーラム等、海上法執行機関の地域枠組みにも台湾は参加していない。

わずかに海上法施行機関レベルでは、平成25年に合意した日台漁業協定によって設置された「日台漁業委員会」に、海上保安庁と台湾の海岸巡防署の関係者が外交当局や水産当局とともに出席する枠組みが誕生したが、防衛当局間にはそういったものも存在しない。

平成8年（1996年）9月に尖閣諸島周辺海域において香港の活動家が海に飛び込み死亡する事故が起きた際、今後の同様な事態に対応するために台湾軍では救難ヘリコプターの派遣が検討されたが、その当時、台湾軍が自衛隊との連絡手段が分からず混乱したことから、最終的に「軍事的緊張を高める」として断念したことがある。こうした状況は、20年後の今日もなお解決されていない。

近年、防衛省・自衛隊を退官したOB等安全保障関係者と台湾側関係者による非公式な安全保障対話や交流協会台北事務所への退官した自衛官の派遣などの取り組みが行われるようになってきた。

一方で、交流協会台北事務所長であった内田勝久は、「日台間の意思疎通は不十分であり、安全保障がらみの事故防止には日台双方とも十分に意を用いなければならない」とも指摘している。

日本が国家安全保障戦略において理念として掲げる「自由、民主主義、基本的人権の尊重、法の支配といった普遍的価値」を共有できる隣人として、成熟した民主主義の下に台湾が発展することは、我が国として歓迎すべき状況である。

しかし、我々にとって、台湾の海軍力の真の姿、彼らの意思決定メカニズムは中国の海軍力のそれよりも不明確である。はたして市民レベルや民間レベルと同様に、防衛当局レベルの関係が信頼できる関係足り得るか否かはまったくの未知数である。

しかし、日本の海洋安全保障を考えるうえで、台湾の海軍力、海上法執行能力は無視することのできない変数の一つであることは間違いない。〉

リスクの大きい航空における関係の不在

・日中の海空連絡メカニズム

空の場合も日台関係は同様に希薄ですが、航空機の速度と地理的近接性を考えると偶発的な事態が生起する恐れは海よりも深刻であると言えます。中国は２０１３年11月23日、尖閣諸島を含む東シナ海上空に中国の防空識別圏（ＡＤＩＺ）を設置することを一方的に宣言しました。日中間では２００７年４月、海上における不測の事態の発生防止のため、防衛当局間の連絡メカニズムの整備に合意し、事務レベルで協議が進められてきました。２０１２年６月の第三回共同作業グループでは大枠で合意しましたが、同年９月に我が国が尖閣諸島を国有化した後に協議は中断し、約２年半の空白を経て、２０１５年１月に協議は再開されました。中国のＡＤＩＺ設置は協議の中断中に、我が国の尖閣諸島国有化に対する対抗措置として宣言されたと見られますが、図らずも空における日中間の不測の事態について注目されることとなりました。

２０１８年５月９日、安倍晋三総理は来日した李克強中国国務院総理との間で日中首脳会談を行い、その後の署名式において経済・外務・環境等、広範な分野における様々な文書・覚書に署名し、そのうちの一つが、「日本国防衛省と中華人民共和国国防部との間の海空連絡メカニズム（以後、「日中海空連絡メカニズム」）に関する覚書」です。防衛省によれば、２０１８年12月26日から27日にかけて、覚書に基づく「日中防衛当局間の海空連絡メカニズム」に関する第一回年次会合・専門会合を北京で開催しています。本メカニズムは運用開始後、効果的に運用されており、引き続き、両国の信頼関係の促進に資する形で運用していくとの認識で一致しています。また、ホットラインを早期に開設すべく調整を加速化し、本メカニズムをより実効的に運用していくことでも一致しています。

・台湾とのADIZ問題

一方で台湾との間にもＡＤＩＺの問題は存在しますが、不測の事態防止に関する協議は行われていません。日本のＡＤＩＺは米空軍が終戦直後に設定していたＡＤＩＺを１９５８年に継承したため、与那国島上空は日本の領空であるにもかかわらず、島の東側三分の一は日本、西側三分の二は中華民国（台湾）のＡＤＩＺとされていました。このため、与那国空港へ向かう日本の民間機が事前にフライトプランを台湾に提出しておかないと、国籍不明機として台湾空軍機にスクランブル発進される恐れがありました。

また、逆に台湾の航空管制区域から日本へ入ってくる不審機について日本側への通報が遅れた場合、日本側が認識した時点では、既に与那国島上空に所在するということにもなりかねませんでした。

台湾側は、与那国島から半径12海里（約22km）の半月状の空域を自国のＡＤＩＺから外して運用していたようですが、与那国島を分断するＡＤＩＺの問題は、２０１０年６月24日、防衛省が与那国島の上空を通過する「ＡＤＩＺ」の境界線を、領空（領土から12海里）の２海里西側へ半円状に拡大することを発表し、翌25日に施行されるまで放置されたままでした。

台湾は事実上与那国島上空が日本の領空であることを認めて自国の防空識別圏を運用していたわけですが、防衛省の発表に対し台湾外交部は、「事前に我々と十分な連絡をとらなかった」として遺憾《いかん》の意を表明、日本の決定を受け入れないとしました。

・拡大活発化する中国軍機に関する情報共有の必要性

中国軍の東シナ海から西太平洋、さらには台湾周辺における活動は拡大の一途を辿《たど》っています。統合幕僚監部（統幕）が２０１８年４月に発表した「平成29年度緊急発進実施状況」には、「中国機に対する緊急発進回数は５００回であり、前年度と比べて３５１回減少しましたが、平成29年度としては、Ｈ‐６爆撃機が太平洋を北東進し紀伊半島沖まで飛行したことを初確認したことや、戦闘機が初めて対馬海峡を通過して日本海まで飛行したことなど、昨年度に比べ17件多い43件の事例について特異な飛行として公表しました。このうち、沖縄本島と宮古島間を通過した飛行の公表件数は36件であり、初めて同経路での飛行が確認された平成25年以降最多となりました」とあります。また、前述の『平成30年版防衛白書』には、「中国軍の戦闘機や艦艇が常態的に台湾本島を周回し、台湾に対して軍事力を顕示している」との記述もあります。統幕発表資料には、平成29年度は３回、平成28年度は８回の台湾機に対する緊急発進が計上されています。

今後は台湾から与那国・先島諸島周辺の空域は日中台の軍用機が活発に活動することが予期され、また仮に台湾有事が生起した場合、最も重要な航空優勢を競う空域になることが確実です。一刻も早く、台湾との海空連絡メカニズムを設定する必要があります。

日本版「台湾関係法」を提案する動き

日本戦略研究フォーラム会長で政治評論家の屋山太郎氏は、２０１８年8月29日付静岡新聞「論壇」で、米国の台湾関係法に習い、日本も「台湾関係法」を考えるべき時だと指摘しました。「日本李登輝友の会」は「我が国の外交・安全保障政策推進のため『日台関係基本法』を早急に制定せよ」との政策提言を、5年前の２０１３年3月に発表しました。中国の軍事的な膨張による圧力が増すにつれて、同じような主張をする有識者も増えています。

台湾、日本、米国に関する研究や政策提言を行うシンクタンクとして２０１８年4月に設立された「日米台関係研究所」（渡辺利夫理事長）は２０１８年12月2日、東京都内で「台湾有事と日本の対応」をテーマにシンポジウムを開き、「日台交流基本法（仮称）」の制定を提言しています。シンポジウムに出席した長島昭久衆院議員が取材に応じ、日台交流基本法について、国会に提出する前に日本の超党派国会議員連盟「日華議員懇談会」で立法の形式などについて話し合う必要がある、立法の時機はもう近づいているると話しました。

また、台湾が国内開発を続けている通常動力型潜水艦に対する技術的な支援について、日米でどのような協力が可能かも検討に値します。米国は日米同盟の間であっても第三国との協力や協議の内容については開示しないことを原則としていますが、将来的には日米台の三か国の枠組みに発展させることを目標に、日米同盟の様々な共同・協力作業に台湾という視点を取り入れていくことが必要です。政府間の取り組みと並行して民間企業や研究所等のトラック2外交（民間外交）のプロジェクトも幅広く推進することが望まれます。

第五章

シミュレーション：第四次台湾海峡危機

1　第三次台湾海峡危機の経緯と分析

総統選妨害を目的とした中国のミサイル発射

1995年、台湾の李登輝総統の訪米に際してビザを発行しないとしていた米国が態度を変えてビザを発行、6月9、10日に李登輝総統が米コーネル大学で講演しました。中国はこの件で米国を非難するとともに、7月21日から26日にかけて台湾基隆《キールン》沖約56㎞の彭佳嶼《ほうかしょ》の北約60㎞付近に弾道ミサイル実験と称してミサイルを発射しました。8月15日から25日にかけては台湾近海で第二波のミサイル発射が行われました。同月には海軍演習、11月には陸海演習が行われ、台湾海峡の緊張は著しく高まりました。さらに1996年3月23日に行われる初めての台湾総統の直接選挙の直前、台湾独立を警戒する中国は、3月8日から15日にかけて基隆北東約36㎞沖及び高雄南西約54㎞沖に実験と称して3回目の弾道ミサイル発射を行いました。このミサイル発射は、独立派と目されていた「李登輝候補に投票しないように」という台湾国民に対する警告の意図がありました。

米空母派遣に対する対抗演習

　１９９６年３月８日、米政府が西太平洋所在の第五空母戦闘群（インディペンデンス）の台湾海峡派遣を発表すると、その翌日、中国は３月12日から20日にかけて澎湖《ほうこ》県近郊で実弾演習を行うことを発表しました。３月11日、米国はさらにペルシャ湾所在の第七空母戦闘群（ニミッツ）の派遣を発表しました。３月15日、中国は３月18日から25日に陸海演習を行うことを発表し、緊張はさらに高まりました。「選挙で独立を志向する指導者が生まれたら、中国は武力統一に歩を進めるぞ」という警告が目的でした。

　米中の決定的な通常戦力ギャップに対して、１９９５年10月、中国人民解放軍総参謀長助理の熊光楷《ションコアンカイ》中将は、訪中したフリーマン元米国防次官補に対して、「台湾を守るためにロサンゼルスを犠牲にはしないでしょう」と核兵器使用の威嚇をも試みたもの[※1]の、結局それ以上の台湾への威嚇は行わず、米中間の緊張はエスカレートすることはありま

※１　Mann, James,（1998）*About Face: A History of America's Curious Relationship with China, from Nixon to Clinton*, New York: Alfred A. Knopf, Inc.（ジェームズ・マン　鈴木主税訳『米中奔流』５０２-５０３ページ　１９９９年　共同通信社）

せんでした。結果的に中国の挑発行動は、その意に反して李登輝候補の票を伸ばす結果となりました。

もし、空母派遣がなかったら？

●中国軍の戦力

もしこの時に米軍の空母戦闘群による介入がなかったとしたら、中国は台湾への武力侵攻、そして武力統一に踏み切ったでしょうか？　当時の中台の軍事能力から見て、武力による台湾の併合は失敗の公算が大きかったと考えられます。当時の中国の軍事力を概観すると、人的な兵力は陸軍96個師団220万人、艦艇970隻（114万トン）、航空機5750機、第二砲兵[※2]10万人でした。戦車8000両、装甲戦闘車両4500両、火砲1万4000門は、旧式で稼働率も低かったと言います。潜水艦80隻の多くは旧式のディーゼル潜水艦で行動半径は1000海里（1852㎞）程度でした。57隻の駆逐艦とフリゲート艦は、ほとんどが対艦ミサイル対処能力を保有せず、航空機の多くはソ連製のミグ－17、ミグ－19、ミグ－21といった第三世代戦闘機[※3]と旧式の軽爆撃機430機、中爆撃機145機が中心で、第四世代戦闘機[※4]のJ－7、J－8、Su－27は百数十機でした。中国軍機の対地／対艦攻撃能力は、限定的な雷撃または巡航ミサイル攻撃能力を持つ第四世代機以外は通常爆弾による爆撃能力のみでした。

第二砲兵は、米本土に届くICBM（InterContinental Ballistic Missile＝大陸間弾道ミサイル）が10発以内、射程3000～5000kmのIRBM（Intermediate-Range Ballistic Missile＝中距離弾道ミサイル）と射程1000～3000kmのMRBM（Medium-Range Ballistic Missile、準中距離弾道ミサイル）が約70発、射程1000km以内のSRBM（Short-Range Ballistic Missile）が数百発程度でした。このほかに、搭載量約40トンのイリューシンIl－76輸送機が14機、空中警戒管制機AWACS[※5]や電子妨害能力は未保有で、地対空ミサイルは旧式のソ連製SA－2のみでした。

※2　1966年に創設された中国人民解放軍のミサイル部隊で、弾道ミサイルや地上発射巡航ミサイルを運用する部隊。2015年12月31日の軍の改編でロケット軍に名称変更した。
※3　1960年代に登場したF－4などの戦闘機。
※4　1970年代に設計概念が確立し、1980年代から運用を開始したF－15やF－16などの戦闘機。大推力エンジンにより運動性能と航続距離が向上し、高度な電子機器を搭載し、多用途性能を持つ戦闘機。
※5　大型レーダーを搭載し、航空機などの空中目標を探知・追跡し、友軍機に対する指揮・統制を行う航空機。

●台湾軍の戦力

一方、当時の台湾の軍事力は、陸軍12個師団24万人のほか、海兵隊が1・5万人、艦艇380隻（22万トン）、航空機430機でした。旧式の潜水艦が4隻、駆逐艦／フリゲート艦は約20隻でしたが、戦闘機はすべて第四世代機に近代化され、さらに地対空ミサイルや地対艦ミサイルを装備していました。

中台の軍事バランスは、量的には大差で中国が優勢でしたが、航空戦力や地対空、地対艦ミサイルなどの質的には台湾が優勢で、中国は台湾海峡周辺の航空優勢の獲得や陸上戦力の海上機動に失敗する公算が大きかったと考えられます。

2　米国の軍事介入を左右する条件

第一章で述べたように、中国はこの時の屈辱を教訓に急速な軍事力近代化を目指し、今日の中台軍事バランスは質量両面で圧倒的に中国有利に転じました。今日、台湾関係法に基づく米軍の支援なしには台湾周辺の航空、海上優勢を確保することは困難でしょう。中国の接近阻止・領域拒否（A2／AD）能力は、米国の空母機動部隊が台湾海峡に近づくことを拒否し、米国が軍事力を投入することを躊躇することが狙いと言えるでしょう。こうした軍事バランスのほかに、米国の軍事介入を阻止する条件を考えてみましょう。

米軍介入を阻止する条件は？

●法的正当性

中国の武力侵攻に対する米国の選択肢は、「外交的非難」「国連安保理提訴」「経済制裁」「軍事力による牽制」「軍事介入」など多岐にわたるでしょう。このなかで軍事力による実力行使をするかしないかを決定する最大の要因は国際法上の正当性です。そのポイントは「中国が武力をもって強制的かつ明示的に中台統一を図ろうとするかどうか」です。例えば、武力侵攻の障害となる米軍の前方展開拠点を先制攻撃するシナリオは、台湾への武力侵攻以前に、中国が日米との戦争に踏み切ることを意味します。しかし米国が全面的に軍事介入すれば、武力による中台統一という戦略目標は失敗する可能性が高くなります。従って武力侵攻を行うとすれば、米国に軍事介入する正当性を与えないことが不可欠です。

●中国の侵攻要領

例えば、前方展開の米軍や自衛隊が、発信元不明のサイバー攻撃や電磁妨害などを受けて短期的に行動不能に陥るような場合が考えられます。中国の軍事力投入を前にして、武力介入の是非を判断する以前に日米の軍事行動そのものが困難になる恐れがあります。あるいは、台湾国内で統一派が現状維持派や独立派と対立して大規模な騒擾《そうじょう》を起こし、統一派が中国に支援を求めるとしましょう。中国はこれに応えて隠密裏に統一派に武器を提供したり、人民解放軍が統一派に偽装して台湾内に侵入したりするかもしれません。これを知った台湾政府は、米国に軍事的な支援を求めますが、中国が武力を投入した証拠がなければ簡単には軍事力を投入できません。ロシアによるクリミア併合の再現です。

台湾軍内部には、統一を志向する親中の軍人が存在すると言われています。このようなケースでは、台湾内の騒乱のように偽装されるため、どのように支援するのかという判断も難しいと考えられます。

短期間のうちに台湾政府要人が捕らえられ、親中政党が統一を宣言するといった事態も考えられます。このような場合には米国への支援要請どころか、外国の干渉を拒絶するメッセージが発出され、国際社会としても手を出しかねる状況になる可能性があります。台湾本島でなく周辺の金門《きんもん》島・馬祖《ばそ》島や澎湖諸島を奪って既成事実化を図ることも考えられます。住民が盾になるので台湾政府は対処が難しいでしょう。中国は時間をかけて一つ、また一つと歩を進めていくサラミスライス戦略[※6]が得意です。

●侵攻速度

武力侵攻が迅速に展開し、台湾を一定の統治状態に収めてしまう場合には、台湾国民に危害が及ぶために米軍が軍事力を使いにくい状況となります。

台湾全土に本格的な軍事攻撃が仕掛けられる場合、台湾軍がこれに適切に対処したと

※6　一本のサラミソーセージを丸ごと盗むと発見されるが、サラミを薄くスライスするように、小さな行動を一つ一つ達成することにより、最終的に大きな目標を達成する戦略を言う。

しても、短期間のうちに政府が統治能力を失う可能性がないとは言えません。倒れた政権に代わって周到かつ迅速に中国政府の傀儡《かいらい》統治機構が機能し始める場合には、前方展開の米軍ですら、中国牽制や台湾防衛の支援を行う猶予がなくなる可能性があります。

正当性とコストを巡る米中のせめぎ合い

以上検討してきたように、米国の介入の態様にはいくつかの選択肢がありますが、軍事力を使用する選択肢には国際法上の正当性が不可欠です。

一方で、中国にとっても武力行使を行う正当性が必要であり、自らを正当化しつつ相手の正当性を否定するために、情報戦、外交戦を展開することになるでしょう。両者ともに常任理事国であることから、国連安全保障理事会が中国の武力行使を非難したり、米国の武力行使を容認したりする可能性は考えられません。従って米国は同盟国や友好国と連携して対中制裁や軍事力行使に踏み切るしかありません。中国も同様に経済的なパワーを梃子《てこ》にして友好国を増やし、国連での多数派工作に走るでしょう。

米国の戦略は、台湾への武力侵攻に伴う政治的、軍事的コストを増大させて中国を抑止することにあります。逆に中国は武力侵攻に際して米国が介入する政治的、軍事的コストを上げようとしているのです。中国の武力行使は、このせめぎ合いに勝利する自信を得たときに開始すると考えられます。

中台紛争の非対称性

もう一つ、台湾の武力統一を考えるうえで、中台間の様々な非対称性に留意する必要があります。

●地政学的状況

中国は圧倒的に広大な国土を有していますが、台湾は南北に細長い四面環海の小島であり縦深性（地形の縦横の長さ）に乏しい特質があります。台湾には、金門、馬祖、澎湖諸島をはじめ多くの島嶼があり、奇襲の防止や海上封鎖の阻止に活用できる半面、中国に遂次に奪取されやすい特性があります。

また、地形的に台湾は山岳が多いことから、台湾側にとってはゲリラ戦の展開に有利です。

米国から見ると、米本土からの距離が遠いために大規模な戦力の迅速な展開には多大の時間と資源を必要とし、日本やグアムなどの前方展開拠点の有無が死活的に重要です。

●戦争目的と戦略目標

中国は、中台統一の実現や台湾の独立を阻止するために、究極的には台湾を武力占領することを念頭においています。一方、台湾は、独立のために中国を先制攻撃する必要はなく、中国の武力侵攻に対する防勢的な軍事力行使で戦略目的が達成できます。

米国にとっては、台湾が中国の軍事力行使によって統一されることを防ぐことが戦略目標ですが、それに要する政治的、経済的コストが行動の選択肢を左右することになります。

●兵器体系

中国は、台湾への武力侵攻に必要なミサイル、戦闘機、爆撃機、艦艇などの攻撃用兵器を多数装備しています。台湾は、中国を刺激しすぎぬように質的にも量的にも防衛的な性格の濃い兵器体系になっています。中華民国による中国統一を放棄した台湾は、中国本土を攻略するために必要な兵器体系を整備する必要はありません。

米国は台湾関係法によって、中国による武力統一を抑止するために必要な兵器体系を台湾に供与してきましたが、その時々の政治状況によって具体的な内容は変化してきました。オバマ政権は台湾への兵器供与には抑制的でしたが、トランプ政権は台湾への武器供与を中国との交渉材料に使う傾向が見られます。

台湾有事に際しては、米国は台湾に代わって中国本土に対する攻撃を提供することが可能です。

●非正規戦

中国が台湾を侵攻する場合には、要人暗殺、テロ、社会秩序の不安定化などによる非正規戦の実施が考えられます。中国と民族・言語的に同質で民主的な社会の台湾には、こうした非正規戦に有効に対処する手段が乏しいと言わざるを得ません。

逆に、中国国内に対する台湾の非正規戦の展開は、両者の人口比や中国共産党の統治能力の高さから、大きな効果は期待できないでしょう。

●核戦力

核兵器に関する中台間のギャップは将来的に拡大することはあっても縮小することはありません。台湾に対して核兵器を使用すれば、両者の戦いは一方的に決着しますが、同胞に核を使えば国内的にも国際的にも統一の正当性を失うことになります。

ただ、中国が台湾に対して核による恫喝を行うことは考えられます。その場合、台湾は米国による核抑止に期待せざるを得ませんが、台湾関係法は米国の台湾に対する拡大核抑止の保障を明記していないことに注意が必要です。

3　シミュレーション：第四次台湾海峡危機

第一章で述べたように、米中の対立は、通商、知財保護、南シナ海の軍事化、北朝鮮への制裁と非核化、米国内への中国の浸透、台湾など、様々な問題が顕在化し、両国の覇権争いの様相を呈しています。その主たる要因は、「韜光養晦」をかなぐり捨てて「積極作為」に転じた習近平政権の政策転換であり、これに対抗しようとする米国トランプ政権の戦略転換です。これまでのところ、両者の対立は米国側が主導権を発揮していると言えます。

経済成長に陰りが見えるなかで、習政権は米国の圧力を回避する一方、国内的には米国に屈服したと見られないようにしなければなりません。

そこに台湾問題が浮上してきます。

これまで着々と進めてきた台湾統一のための法整備や外交工作、軍事の改革・強化から示威行動、そして台湾国内への浸透工作等の結果を出すことが習近平に求められています。独立志向の強い民進党を混乱に陥れ、親中の国民党政権の樹立を図るのか、あるいは米軍の介入を招いた１９９６年の総統選の苦い教訓を踏まえ、短期激烈戦で一気に制圧しようとするのか、これまでの分析を踏まえて台湾海峡の近未来をシミュレーションしてみましょう。

ケース I　ハイブリッド戦を駆使した台湾統一

台湾の政権政党がSNSで炎上

台湾は、第二次世界大戦後、中国共産党との内戦に敗れて大陸から逃れてきた国民党が独裁体制を築いてきました。1995年に国民党の李登輝総統が総統選挙を一般選挙に移行することを宣言したことを契機にリベラル色の強い民主進歩党（以下、「民進党」）が誕生しました。1996年の総統選挙以来、この二大政党が総統の地位を争って今日の蔡英文民進党政権に至っています。現在の国民党は、一つの中国を認めつつ、「統一せず、独立せず、武力行使せず」の三不政策を基本政策としているのに対し、「台湾は既に主権が確立した国家である」と考えるのが民進党です。

SNSで民進党の総統選挙候補のスキャンダルを暴く書き込みが頻発し、民進党候補のイメージが損なわれた結果、世論の支持率も大きく低下します。民進党候補は「スキャンダルは事実無根」と主張しましたが、精巧に加工された写真や書類等によってねつ造された情報が瞬く間に拡散し、事実よりも偽情報が世論を支配する結果となりました。

さらには、民進党候補のスキャンダルは民進党の対立候補が仕掛けたという情報がSNSで拡散し、民進党への信頼性が失われました。民進党は、すべてのSNS情報は中国による情報戦であると国民に警告しましたが、明確な根拠を示せなかったため、中国や国民党からの批判を招いただけでした。

米国との関係強化の模索

民進党政権は世論の支持低迷と大陸との緊張に悩むなかで、日米との関係強化に活路を見出すべく積極的な対日、対米外交を図っていきます。トランプ政権は対中貿易摩擦、南シナ海問題、北朝鮮の非核化問題で非妥協的な姿勢を変えない中国政府に対して、非難の声を強めていました。

米国の台湾政策は、2018年度の国防権限法に従って最新の兵器が逐次台湾に輸出されつつあります。米国防省は、台湾空軍を米本土で行われる今年度のレッドフラッグ演習[※7]に招請するとともに、日本を母基地とする第七艦隊の空母ロナルド・レーガンを中心とする機動艦隊を台湾に寄港させることを検討していると発表しました。

国務省は、「2018年に制定された台湾旅行法の施行以後、両国当局者の往来は前年度の2倍以上に達した」と発表しました。

日本の状況

一方、日本は中国との良好な関係維持を重視し、台湾との政治、安全保障等の政府間の関係については慎重な対応を続けています。日中関係改善が進むなかにあって、台湾を国際社会から孤立させようという中国のあからさまな行動は、日本人の台湾に対する同情心を増大させることになりました。元来、日台は国民レベルで見ると相互に好感度が高く、旅行者の往来も盛んです。国民の親台湾の言論が次第に活発化し、経済的な連携も密接になりつつあります。日本政府は、中国との関係維持に気を使いつつも、米国からの台湾関係改善要求を無視できなくなります。第七艦隊などの在日米軍が台湾との交流を深めるなかで、日本に対しても防衛協力を進めてほしいと台湾政府が積極的にアプローチしてきます。米国は、日米台の三か国枠組みでの演習をグアム方面で実施することを日本に提案してきました。また、台湾は日本がリードするTPP11への加盟を強く希望するとともに、日台経済連携協定ＥＰＡの締結についても要望しています。

中国の反発と報復措置

こうした日米台の動きに対して、中国は強く反発します。中国国内の日本及び米企業の輸出入に伴う税関手続きは長期間を要するようになります。台湾に対する圧力も様々な分野で広がりを見せています。大陸から台湾に旅行する観光客は激減し、両岸経済協力枠組協議（ＥＣＦＡ）[※8]などの経済枠組みも運用が凍結されたとの報道が流れます。大陸の大学などに就学している台湾の学生には、厳しい行動上の制約が課せられるとともに、警察の強い監視下におかれるようになります。

台湾の経済状況は徐々に悪化傾向を示し始め、台湾内に不安と怒りの声が広がり始めました。こうしたあからさまな中国の締めつけに対して、台湾メディアは対中批判を強

※７　１９７５年から毎年、米国ネバダ州ネリス空軍基地やアラスカ州の基地などで実施されている空軍の高度な空戦演習。
※８　ＥＣＦＡ（Economic Cooperation Framework Agreement）とは、台湾と中国が締結した実質的な自由貿易協定（ＦＴＡ）。

めます。若者たちは「今こそ台湾人の団結が必要だ」と、かつてのひまわり学生運動を彷彿《ほうふつ》させるデモが各地で始まり、若者を中心に拡大の一途を辿っています。

台湾国内における独立派と統一派の対立激化

その一方で、民進党政権の独立志向と対中政策こそが問題だとする人々の声も高まりを見せるようになりました。従来、大陸との統一を主張する人々はそれほど多くはないと考えられていました。彼らは小さな団体に分立していて、それぞれの団体の主張は必ずしも一致してはいなかったからです。ところが、こうした小さな団体が連携して台北市をはじめ主要な都市で大陸との統一を叫ぶ光景が見られるようになったのです。大陸との良好な経済交流によって利益を得ていた企業やその従業員たちがこうした統一運動に参加するようになり、その規模は徐々に膨れ上がっていきました。そして1か月もたたぬうちに独立志向勢力と統一志向勢力が主要な都市で衝突し、負傷者が続出する事態に拡大しました。台湾政府は状況の打開に向けて、「急進的な行動は逆効果だ」と説くとともに、経済活動について大陸との関係を改善することを言明しました。同時に、大陸による台湾内の政治的分断工作について警戒するように呼びかけ、警察、沿岸警備隊、軍などに対して非合法活動の取り締まりを強化するよう命じました。

しかしながら、台湾内の騒乱はなかなか収まらず、ついに犠牲者が発生します。独立を唱えてデモ活動に参加していた若者が、街頭での統一派との騒乱のなかで撲殺される事件が発生したのです。かくして騒乱は台湾を二分する深刻な状況に発展します。

中国本土からのサイバー攻撃

台湾国内の騒乱状況を見た中国は、「中国からの分離・独立を志向するいかなる勢力に対しても中国は強く反対するとともに必要な措置をとる用意がある」と警告を発します。そして、インターネット上の独立派のウェブサイトや政府機関のウェブサイトが突如閲覧不可能になるとともに、ソーシャル・ネットワーキング・サービス（SNS）では、統一派を支援する書き込みが急増し始めました。

台湾政府は、「外部からのインターネット不正アクセスが急増しており、その多くは大陸を発信源としていると見られる」「大陸からのSNSの書き込みが急増しており、台湾内の世論を誘導しようとしていると見られる」と中国を非難する見解を発表しました。中国は、これを「根拠のない言いがかりだ」と一蹴するとともに、「台湾当局が統一派を不法に抑圧し、人民を危険な状態に陥れている」と非難します。

独立派対統一派の対立、両岸関係の緊張が高まりを強めて数週間が経過した夜、台北市内が突然の停電に見舞われます。台湾電力公司は、台北市の広範な地域で原因不明の停電が発生し、台北北部の金山《ジンシャン》、国聖《クオション》の両原子力発電所が緊急停止したと発表しました。両発電所ともに再稼働に成功し、停電は約6時間後に正常に復帰しましたが、停電の原因究明は進まず、原因不明のままとなりました。

日本に向けられた中国の情報戦

台北の停電からしばらくして、中国の『環球時報』が、「台湾独立運動の背景には米国と日本の謀略が存在しており、このような企みは直ちに粉砕すべきだ。米日は、こうした策動を用いたことを後悔することになるだろう」という有識者の論説を掲載しました。

中国外交部は、米日を名指しで非難することは避けつつ、「対岸で起きている混乱に対して、中国は核心的利益を損なわれないようあらゆる準備をしている」と表明し、「仮に第三国が中国の統一を妨害する行動に出るならば、中国は断固として必要な対処を行うだろう」と述べました。

この会見の数日後、日本の首相官邸、内閣府や各省庁に対して、サイバー攻撃が始まり、政府各機関のウェブサイトは閲覧不能となります。内閣サイバーセキュリティセンター（ＮＩＳＣ）は、発信元は世界各地だが、震源地は中国国内だと考えられるとコメントし、公共インフラに対するサイバー攻撃に警戒するよう注意喚起します。

数日後、東京周辺の都道府県に早朝から広範囲にわたって停電が発生しました。鉄道は運休となり、道路は信号が消えたことから警察が主要交差点に警察官を派遣して交通整理にあたらせたものの、交通はほぼ麻痺状態に陥りました。マスコミに対してもサイバー攻撃が行われ、インターネットのニュース配信ができなくなり、テレビ、ラジオ、そしてＳＮＳがニュースソースとなります。そこに「中国から大量のミサイルが東京に撃ち込まれるので避難したほうが良い」という情報がＳＮＳを通じて流れ始めます。このニュースは瞬く間に広がり、関東近郊の国民は少しでも東京の外に脱出しようと道路網は麻痺渋滞に陥ります。政府はラジオ、テレビを通じて、ＳＮＳ情報が誤りであることを伝え、自宅に留まるように呼びかけます。一方で非常用電源や生活物資を求めて住民がコンビニやスーパー、ホームセンターなどに殺到します。

東京電力は停電の原因がつかめず、緊急停止している発電所の再立ち上げを試みますが、途中でエラーが発生してしまいます。元自衛官でサイバーセキュリティー関連の会社に勤務するＮ氏が、「停電の原因は東京電力のコントロールセンターに対するサイバー攻撃なのではないか」という仮説を立てます。ＮＩＳＣのアドバイザーでもあるＮ氏が同センターのコンピューターをチェックしたところ、マルウェアが侵入していることが判明します。このマルウェアを分析したところ、センサーデータは正しく表示するものの、データに応じた制御が逆に働くようになっており、この結果システムの安全装置が作動することが分かりました。原因の判明まで既に１週間が経過していました。Ｎ氏の分析によると、マルウェアは数年前にフィッシング型の攻撃によって仕組まれていたもので、その源は中国であると結論づけられました。官房長官は、この事実を直ちに公表し、中国を非難します。国内に反中の空気が広がり、「台湾の独立を助けよう。台湾は日本の命脈だ」という言論が拡大し始めます。

動き出した人民解放軍

日中間の緊張が高まるなか、米国ワシントンDCに所在するシンクタンクが衛星情報として、「中国軍の南部戦区及び東部戦区内の複数の港湾に陸上部隊の装備と思われる物資が集積されている模様だ」と発表しました。翌日、日本の全国紙が、北京支局の現地取材として中国の厦門《アモイ》と泉州《せんしゅう》の港湾付近に軍用物資や装備と見られる大量の貨物が一般貨物に紛れるように多数集積されていると写真入りで報道を行います。2日後、取材中の日本人記者が現地で中国警察当局に逮捕されたと報道されます。3日後、米『ワシントン・ポスト』紙が、米政府情報機関の情報として、中国の台湾対岸の主要な港湾に明らかに通常よりも多い貨物の集積が見られるとともに、小型の漁船が集結していると報道しました。この報道に対して中国外交部報道官は直ちに会見を行い、①報道のような装備・物資を大量に集積している事実はない、②近く同地区において軍事演習を計画しており、いくつかの部隊がそのために移動していると発表しました。

図5-1「航空機用の掩体を持つ中国安徽省安慶航空基地
（H-6、Y-8EWなどが所在）」

出典："Assessing PLA Underground Air Basing Capability"

4日後、中国国防省は、東シナ海及び南シナ海において陸、海、空、戦略ロケット軍による合同統合演習を行うと発表しました。発表された内容によれば、「指定海域へのミサイル発射、空対地爆撃、さらに陸軍・海兵の着上陸訓練を含む総合的なものであり、この演習に伴って演習部隊が所要の港湾等に集結済み」と発表されました。併せて台湾海峡を含む演習海域周辺での船舶及び航空機の航行については、国防部発表の情報に注意するよう通告されます。

日米の情報当局は焦っていました。数日前まで捕捉していた中国ロケット部隊の所在が不明になったからです。戦略ロケット部隊の多くは車両搭載型で自由に機動が可能です。日米の衛星による監視を逃れて機動、潜伏した模様です。米軍にとって最大の脅威は空母キラーと呼ばれる中距離弾道ミサイルのＤＦ－21ＤとＤＦ－26です。どちらも車両搭載式で自由に機動が可能であり、所在が不明になるということは、第三次台湾海峡危機のように2個の空母機動艦隊が台湾海峡に突入して中国を威圧するには非常に高いリスクを伴うということになります。

中国国防部の発表と軌を一にするように空軍の爆撃機や戦闘機が沿岸に近い基地に機動しているとの米国報道が流れました。中国国内の海空軍基地はどの基地も米軍からの攻撃に耐えられるよう掩体化《えんたい》※9や地下化の整備が進んでおり、滑走路が攻撃を受けても航空機に被害が及ばないよう防護処置が徹底されているのが中国軍の特徴です。滑走路は

※9　航空機などの兵器を敵の攻撃から守るための人工物（掩体壕《ごう》など）。

爆撃されて被害を受けても48時間もあれば応急的に使用可能状態まで復旧できるのです。さらに中国海空軍は沿岸部、内陸部に多数の基地を建設しており、米軍がすべてを攻撃するには膨大な物量と時間が必要です。

監視態勢を強化する日本

台湾を挟んで東シナ海と南シナ海周辺の陸、海、空で中国軍の演習が開始されました。日本政府は、同盟調整メカニズム[※10]を通じて米国との協議を行い、南西方面の情報収集、監視について協力を強化すること、情報の共有を図ること、共同対処について引き続き協議することを確認しました。

これに続いて安全保障会議が開かれ、先の中国によると見られるサイバー攻撃の分析結果が報告されました。そして、中国軍の演習とその後に発生するかもしれない台湾侵攻に備えて、自衛隊の警戒監視態勢の強化、自衛隊の即応体制の強化、弾道ミサイル破壊措置準備を行うことを決定します。

会議終了後、官房長官は、国民に対して、先日の大規模停電の原因を説明し、サイバー攻撃を仕掛けた中国を厳しく非難しました。さらに公共機関や公共インフラを担当する官民の事業者に対して、事前兆候の把握と報告、事態発生時の迅速な対応、情報の共有を求めました。

台湾内の騒乱については、事態の推移に憂慮を示すとともに、中国が武力を用いて干渉を行わないよう求めました。加えて、中国の我が国に対するサイバー攻撃、情報操作などに対して警告を行いました。外務省は海外安全情報として、中国、台湾への渡航自粛勧告を発表しました。

一連の日本の対応に対して、中国外交部は停電の原因を中国に転嫁するのは中国を悪魔化する宣伝工作だと断じ、中国は台湾との平和的な統一を希求しており、武力を行使する意図は微塵《みじん》もないと強く反発しました。さらに日本帝国主義が復活し、米帝とともに地域を不安定化しようとしていると非難します。

※10　「日米防衛協力のための指針（ガイドライン）」に基づき設置された機関で、日米両国があらゆる事態に、緊密に連携し共同対処することを目的とする。

演習は終了したが……

東シナ海、南シナ海での演習開始から2週間後、中国の演習が終了したと思われていましたが、演習のために各地から機動してきた中国軍部隊が元の配備基地に復帰する動きが見られません。米シンクタンクが衛星写真付きで中国軍の集結態勢が継続していることを指摘すると、中国国防部は、「主要部隊は元の体制に復帰した」と発表します。

数日後、中国海軍艦艇の多くが出航したとのニュースが流れ、中国海軍の艦艇が台湾を取り囲むように遊弋《ゆうよく》していることが衛星写真で確認されました。有識者はこれを見て、中国海軍が台湾の海上封鎖を意図しているようだとコメントします。

台湾国内で先鋭化する対立

一方、台湾内部の対立は数か月を経過しても依然として沈静化せず、民進党政府は事態収拾に苦慮していました。中国軍の台湾周辺での大規模演習は、統一派を勢いづかせ、独立派のなかには大陸からの武力侵攻を恐れて態度を軟化させる者も現れました。その一方で、大陸の武力による恫喝に対して独立派の声はますます大きくなり、統一派対独立派の対立は先鋭化していきます。こうしたなかで、統一派は、「今こそ統一の好機であり、我々は大陸の統一に向けた行動を全面的に支持するだろう」と大陸に支援を求めることを発表します。これを契機に、台湾の警察当局が統一派のリーダーを次々に逮捕し始めます。この動きに乗じた独立派はさらに運動を活発化させ、台湾国民に独立支持を訴えるようになりました。

ある日、台南市で行われた独立派の集会で演説に立っていた独立派リーダーが何者かに狙撃されて死亡する事件が発生しました。騒然となった会場でさらに銃声が鳴り響きました。逃げ惑う集会参加者が相互にぶつかり合って転倒し群衆の下敷きになり、銃撃による死亡者が5人、群衆の混乱による死亡者が10人、負傷者は50人以上、銃撃犯は不明と発表されました。数日のうちに銃撃を伴う同様の事件が主要都市で次々に発生します。台湾政府は治安回復のため、戒厳令によって集会の禁止、午後8時以降の夜間外出の禁止、警察による市中警備の強化を図ることにしました。

SNSは、政府に対する非難、警察に対する非難、統一派による独立派に対する非難、独立派による統一派と大陸に対する非難、大陸人の排斥呼びかけなど、大炎上状態となりました。さらに、大陸からと思われる書き込みが増加し、「台湾から救援を求める声が上がっている」「台湾同志を助けに行こう」「我々の政府はなぜ台湾を助けようとしないのか」などという呼びかけが多く見られるようになりました。

中国漁船団による台湾包囲

日米の報道が、中国から多数の漁船が出航し台湾に向かって航行中であり、この漁船団には海警の巡視船数隻が随伴している模様だと報じました。『台北タイムズ』が米紙報道を紹介するとともに、台湾軍内部の情報として、「軍はいかなる中国側の攻撃に対しても即応体制を整えており、周辺海空域の監視、必要に応じて対空・対艦攻撃を直ちに実行可能だ」と報じました。台湾政府は、中国海警の公船とともに多数の中国漁船団が台湾を包囲するように台湾近海を航行中であり、また中国海空軍の台湾周回飛行が急増しているとして、中国を非難します。中国は、これに対して漁船団は漁期の開始に伴って操業に出たものであり、海警は漁船団の不法行為を防止する目的で操業を監視中だと返します。

統一派の武装蜂起

こうした報道から数日後、武装した一団が戒厳令下で行われていた独立派の集会を襲うとともに、台北、台南、高雄など、主要都市の市庁舎、警察、消防、報道等の施設を一斉に急襲し占拠しました。彼らは「両岸統一解放戦線」と名乗り、両岸統一を目的として各都市で一斉に蜂起したと宣言し、民進党政権を反逆者だと決めつけ、台湾国民に平和的な統一のために参集するよう呼びかけました。政府は、直ちに軍及び警察に治安を確保するための出動を命じました。

ところが、軍や警察も統一派と独立派に内部分裂し、解放戦線に合流する者が多数現れたために効果的な対処ができない状況となりました。解放戦線は、国民に非暴力を訴える一方でマスコミとSNSを通じて政権側の暴力による事態鎮圧に反対し、解放戦線に参加するよう呼びかけます。

各地で治安維持にあたる軍、警察と解放戦線の武力衝突が起こり、犠牲者が多数発生します。そして騒ぎは台北にも拡大しました。統一派の若者たちの多くが解放戦線に合流し、これに対抗する独立派と抗争状態になりました。勢力で優勢な統一派は台北市庁舎、マスコミ、台湾行政府などに迫ります。

国民投票の結果、統一派が勝利

台湾政府は事態の急速な深刻化を憂慮し、日米に支援を求めますが、台湾国内の治安問題と見られることから、日米両政府は中国の軍事的な動きを牽制する以上の支援ができません。日米のマスコミやSNSにも台湾の内政問題に干渉すべきではないという論調が目立つようになりました。

習近平主席は、「台湾同胞の安全と平和は台湾同胞の問題であり、中華民族の問題である。今こそ台湾同胞が自らの運命を選択すべきであり、中国は全面的にその選択を尊重する」との声明を出し、日米の介入を阻止しつつ、国民投票による政権選択を迫ります。台湾政府は国内の騒乱を沈静化することを優先し、責任を取って総統が辞任、総統選挙を繰り上げて行うことを表明します。

この争乱には大陸があらかじめ派遣していた工作員も積極的に関与していました。そして総統選では統一派が優勢となり、独立派の民進党政権に代わって統一派による政権が成立、実質的に中国が台湾を統一することになりました。

ケース2　台湾限定の短期激烈戦（Short Sharp War）

浮遊機雷による米艦船大破

X年Y月、航行の自由作戦で台湾海峡を通峡する米第七艦隊の艦船2隻のうちの1隻が原因不明の爆発を起こし大破する事件が発生しました。米第七艦隊は、救難用の艦船、航空機を現地に急派するとともに、台湾、日本に救難の支援を要請します。また、横須賀寄港中の空母機動艦隊を含む艦隊所属の全艦に出動を命じました。

ハワイのインド太平洋軍司令官は、情報収集態勢を強化するとともに、在日、在韓米軍の即応態勢強化を指示しました。在日米軍では、テロリストなどの脅威を警戒する部隊の防護態勢を表わすＦＰＣＯＮ（Force Protection Condition）が通常態勢（normal）

から二段階引き上げられました。

米国内では、関係者の情報として中国が敷設した機雷か、中国潜水艦による魚雷攻撃ではないかとする見方が報道されます。中国はこの報道に対して、中国は自衛以外の武力行使はしないと言い、台湾国内の混乱に乗じて台湾海峡に進出する米軍艦艇は、中国に脅威を与えようとしており、挑発的な行動だとコメントしました。さらに、中国は事故に遭った米艦艇の乗組員を救助するために海警の艦船を現地に派遣している。米国には無用の挑発により緊張を高めることのないよう慎重な行動を求めると述べました。

日本政府の対応と航空活動

日本政府は、現場海域の緊張を高めることがないよう、海上保安庁の巡視船を米艦艇の救助のため急派しました。防衛大臣は南西域の自衛隊に対して情報収集の強化と即応態勢の強化を命じました。また、中国艦艇や航空機による挑発に対しては部隊運用基準に基づき慎重に対処するよう指示しました。外務大臣は、中国に対して挑発的な軍事行動を慎み、緊張の緩和を求めました。

中国は警戒監視強化を目的に台湾周辺の航空活動を著しく増加させています。Ｈ－６爆撃機、ＫＪ－２０００早期警戒機、Ｙ－８情報収集機、Ｓｕ－35戦闘機などが、頻繁に宮古海峡を横断するため、那覇基地所在の航空自衛隊Ｆ－15戦闘機は連日、緊急発進により中国の航空機の監視を続けています。

米海軍艦船大破事件から数日後、東シナ海を飛行していた米海軍の情報収集機が中国の戦闘機から射撃を受けるという事件が発生しました。後方から米軍機の側方に曳光弾《えいこうだん》を含む射撃が加えられたと言い、さらに緊急周波数を通じて「領空に近づくな」という警告が発せられたとのことでした。

機雷による貨物船の被害

米国政府は、大破した海軍艦艇乗組員の証言によると「何者かが敷設した機雷の爆発が原因だと推測される」と発表し、誰の仕業かは今後の調査で明らかになるだろうと述べました。さらに、公海上に機雷を敷設する行為は非常に危険であり、米国は海域の安全を確保するため、周辺国の協力を得て機雷の掃海作業を行うだろうと述べました。その直後、台湾向けの貨物船が台湾近海で原因不明の爆発とともに沈没する事件が発生しました。さらにその翌日、同じく台湾向けの貨物船が台湾近海で消息を絶ったとのニュースが流れました。台湾海軍が掃海部隊を出動させ海域を調査した結果、機雷と見られる反応が観測されたと発表します。台湾政府は日米両国に機雷掃海の協力を要請します。中国は米国や台湾の発表について、中国を陥れる策動だと非難し、掃海の名を借りて中国に軍事的圧力を加えようとするのは戦争行為に等しいと激しく非難します。

日米台の共同機雷掃海と中国の警告射撃

日米の掃海部隊とこれを護衛する米駆逐艦、海上自衛隊護衛艦の部隊がそれぞれの母港を出港して沖縄周辺海域に集合して台湾海峡に向かいます。バシー海峡（台湾とフィリピン・ルソン島間の海峡）の入り口から機雷を探索しながら無事に海峡を通過して台湾西岸沖に出たところで、掃海艇とフリゲート艦から成る台湾海軍の機雷掃海部隊と合流しました。その直後、中国国防部から、現在地よりに北上あるいは台湾領海に侵入する場合、中国軍は自衛のための行動をとると警告が出されました。日米の掃海部隊は、台湾の要請に基づき台湾沖公海上の機雷の掃海を実行する旨を返答し、掃海作業を開始しました。

突然、対空警戒を行っていた護衛艦の戦闘指揮所（ＣＩＣ）内に警報が鳴り響きました。対艦ミサイルと見られる複数の飛翔体が掃海部隊に向けて飛来し、護衛艦と米駆逐艦は直ちに対空戦に入ります。日米に被害はなかったものの、台湾海軍のフリゲート艦１隻に命中し同艦は沈没しました。米駆逐艦は台湾海峡付近からミサイルを発射した中国海軍の駆逐艦を特定し、直ちに反撃を行いました。

また、台湾軍は、台湾海峡周辺に所在していた中国海軍の駆逐艦等に対して地対艦ミサイルで反撃を行いました。ところが、日本の護衛艦は部隊行動基準によって、攻撃を受けた際には自己防御を行いつつ、掃海海域から離脱するよう指示されていたために、掃海艇とともに海域から避退します。この行動が後に米台の非難を受けることになります。日米の掃海部隊はともに行動していたにもかかわらず、攻撃を受けたら退避するという日本の部隊行動基準と、攻撃を受けたら反撃するという米艦隊の交戦規定は整合していなかったのです。国際法上、機雷の掃海は戦闘行為の一部と見なされるため、自国

（台湾）領海付近で機雷掃海を行うことを中国が敵対行動と見るのは十分にあり得ることです。

中国の領域横断作戦

●サイバー攻撃

台湾海峡からミサイルを発射した中国フリゲート艦1隻が、米台の反撃によって撃沈されました。中国は、一連の米台の行動について直ちに非難を行うとともに、自衛の処置を取る旨を宣言します。ほどなくして、台湾のほぼ全域で停電が発生します。加えて沖縄本島においても大規模な停電が発生しました。さらに、沖縄、台湾ともに携帯電話とインターネットが不通になりました。停電に加えて携帯電話やネット環境が麻痺するなかで、住民の情報収集手段は、緊急電源によって維持されているテレビ局とラジオ局の放送のみとなりました。ところが、一般家庭は停電しているのでテレビは見ることができず、ポータブルラジオにはひどいノイズが入り、使い物になりません。

●**電磁波攻撃**

停電で混乱するなかでも台湾空軍の防空網は自家発電能力を持っており、対空警戒には万全を期していました。ところが、妨害電波と思われる強い電波がレーダーを襲い、対空監視用のコンソールには無数の目標が現れました。レーダーサイトでは対妨害機能を働かせたものの、各レーダーの情報を集約して分析するコンピューターに異常が発生したようです。

●**弾道ミサイル攻撃**

台湾の対空警戒網が機能不全に陥った直後に、中国が台湾の航空基地、港湾、対空監視レーダー基地などに対して同時多発の弾道ミサイル攻撃を仕掛けました。台湾西岸に留まっている米艦艇に対しても再び対艦ミサイル攻撃が行われました。

中国の武力侵攻に対する台湾の防衛構想は、簡潔に言えば「戦力防護、沿岸決勝、水際殲滅」の三段階に区分されます。「戦力防護」は、中国の攻撃の兆候を事前に把握して、侵攻の初めに予想される弾道ミサイル攻撃などの航空攻撃から戦力を守り温存することです。台湾軍は、中国の一連の戦力集中を攻撃の兆候と考え、海軍艦艇は台湾本島の東部の海軍基地に移動しました。空軍機は山岳地を利用した地中の格納庫を持つ基地に移動しました。また、台湾は高速道路4か所と一般道1か所の合計5か所を臨時の滑走路として使えるように整備しており、一部の航空機はそちらに機動しました。防空部隊は、短射程から長射程の各種の車載型地対空ミサイルによって主要基地の防護配備に就いていました。陸軍は市街地に移動して身を隠しました。ヘリコプターは民間会社の倉庫などに収容しました。

このような戦力保全処置によって、台湾海軍の艦艇の多くは被害を免れ、来襲する中国艦艇を迎え撃つ態勢へと移りつつあります。また、地下に潜ったり、高速道路の臨時滑走路を使ってあらかじめ分散配備をしていた空軍機は第一波攻撃からは難を免れました。航空基地や港湾などでは防空部隊が来襲するミサイルの迎撃に尽力しましたが、ミサイル着弾前に迎撃できたのは半数ほどで、滑走路、格納庫、給油施設などが被害を受け使用不能となりました。

第二波以降の攻撃に備えて、早期警戒機E－2Cと戦闘機が空中警戒待機（CAP）※11

に就きます。中国からの第二波の弾道ミサイル攻撃は、分散した航空機の根拠である飛行場や高速道路に向けられるとともに、通信施設や電源施設などが目標になりました。弾道ミサイル攻撃に続いて、H－6爆撃機、JH－7攻撃機、J－10戦闘機が台湾海空軍基地を目標に台湾海峡上空から空対地ミサイルによる第三波攻撃を仕掛けました。防空部隊と使用可能な滑走路から発進した台湾戦闘機は、来襲する中国機を台湾海峡洋上で迎撃しますが、数で優勢な中国機の前に、空軍の作戦基地は厳しい被害を受けます。

※11　敵機の接近に即応できるように、戦闘機を武装した状態で空中待機させておくこと。

コラム　中国のミサイル攻撃と台湾の反撃

中国機は射程100～200㎞の空対地ミサイルを保有しており、台湾海峡の幅が約200㎞であることから、海峡の中間付近から台湾の北部全域を攻撃することが可能です。さらに射程2000㎞の巡航ミサイルDH－10を保有しています。従って、迎撃する台湾の戦闘機が中国のミサイル発射母機を迎撃するためには海峡の中間線近くまで進出する必要があります。そうすると大陸沿岸に配備したHQ－9やロシア製S－400地対空ミサイルの射程内に入ることになります。また、攻撃は海峡側からだけとは限りません。西方域から迂回《うかい》してくる可能性も考えられます。台湾海峡や台湾西方の海域には中国海軍の艦艇が存在しています。そのため台湾軍は少ない戦闘機を広範な空域に分散して迎撃しなければならないのです。従って、台湾軍の中国に対する反撃は限定的とならざるを得ません。他方、台湾海峡や西方に所在する中国軍艦艇に対する地対艦ミサイルによる攻撃や空対地ミサイルを搭載したF－16編隊による中国軍の根拠基地への攻撃が考えられます。しかしながら、海空戦力を集中的かつ奇襲的に指向した中国の攻撃によって、台湾軍は次第に航空優勢及び海上優勢を失うと見積もられます。

●特殊部隊による攻撃

一方、台湾内では中国の特殊部隊と見られる武装勢力が、台湾の統一派を支援して武力で政府打倒を図ります。独立派と統一派が抗争を繰り広げているなかで、武装勢力に支援された統一派が台北をはじめ各主要都市の政経中枢に迫ります。治安維持のために出動した陸軍部隊と暴徒化した統一派が衝突を繰り広げます。ここに至って台湾政府は戒厳令を発令し、集会を禁止するとともに、市民の外出を禁止します。

また、米国政府に支援を求めます。停電と通信機能障害は依然継続していて台湾市民は事態がどうなっているのか分かりません。戒厳令どころか、台湾政府が大陸との統一に同意したというデマが広がり、台湾を脱出しようとする人々が空港や港湾に溢《あふ》れました。警察と軍は、戒厳令の発令を告知するとともに、市民に安全な場所に避難するよう呼びかけました。

米空母機動艦隊派遣による中国牽制と弾道ミサイルの脅威

米国政府は、台湾に対する武力攻撃を直ちに中止するよう中国に求めます。中国が応じない場合には米軍を投入して台湾の防衛作戦を支援すると宣言します。さらに日米政府は国連安保理の開催を求め、中国への非難決議を提出しますが、中国は「米日の策動による台湾独立の動きに対して自衛的な措置を行使している」と主張して拒否権を行使

図5-2「中国軍が保有する中長射程弾道ミサイルの射程」

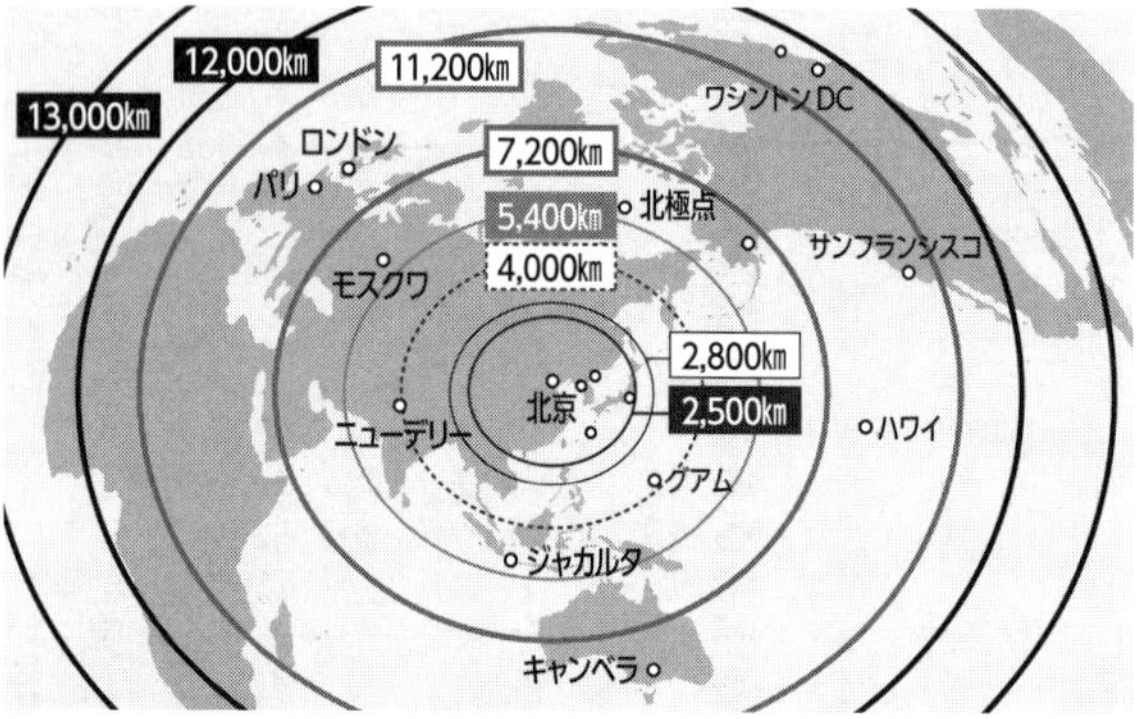

1,500~2,500km	DF-21、DF-21A9B/C/Dの最大射程
2,400~2,800km	DF-3、DF-3Aの最大射程
5,500km	DF-4の最大射程
4,000km	DF-26の最大射程
7,200~11,200km	DF-31、DF-31Aの最大射程
12,000~13,000km	DF-5、DF-5A/Bの最大射程

出典：『平成31年版防衛白書』

します。

米インド太平洋軍は、台湾西岸に派遣した掃海部隊を避退させるとともに、第七艦隊の空母ロナルド・レーガンを旗艦とする空母戦闘群をフィリピン海に出動させます。さらに、グアム島からB－52を南シナ海に飛行させるとともに、本国からB－1爆撃機をグアム島に展開させ、南シナ海を飛行させて中国を牽制します。

中国は、空母キラーと言わ

れている弾道ミサイルＤＦ－21Ｄ（射程１５００～２５００㎞）、グアムキラーと言われているＤＦ－26（射程４０００㎞）などを保有しています。その威力範囲を図で示すと図５－２のようになります。この図は発射地点を北京としており、もっと南方から発射すれば、ＤＦ－21Ｄはフィリピン海のほぼ全域を、ＤＦ－26はグアム島を完全に射程内に収めます。従って第三次台湾海峡危機のように台湾海峡に空母を派遣することは、米軍にとって危険が伴うだけでなく、事態が米中戦争に拡大する恐れがあります。

在日米空軍・海兵隊の分散待機

一方、中国からの弾道ミサイル攻撃を警戒していた在沖縄米空軍と海兵隊航空部隊は、あらかじめ岩国、厚木、横田基地などに航空機を分散していました。嘉手納基地には米軍のＦ－15戦闘機の１個飛行隊が15分以内に離陸可能な待機状態に就いています。那覇基地所在の航空自衛隊のＦ－15戦闘機部隊も半数が九州の基地に分散し、残る半数は15分待機に就きました。しかし、東シナ海方面ではＹ－８情報収集機が定常的に現れるのみで中国軍の動きはほとんどありません。中国は、日本や在日米軍に対して弾道ミサイルを仕掛ければ日米と戦争状態に陥る可能性が高いことから、これを避け、台湾のみに戦力を集中する意図のようです。

中国漁船員が尖閣諸島に上陸、日本の対応は……

●安全保障会議で方針決定

日本政府は、台湾に対する中国の武力攻撃を受けて安全保障会議を開催しました。会議においては、次の事項について協議が行われ、方針が了承されました。

①中国政府に対して、台湾に対する武力行使の中止を要求する。中国が応じない場合には、米国をはじめ諸国と協力して台湾人民を支援するために必要な行動をとる。

②武力攻撃事態対処法に基づき、現在の状況を「重要影響事態」に認定する。今後の中国の行動に応じて、存立危機事態、武力攻撃事態の判断を迅速に行い、必要な態勢を速やかに確立する。この際、南西諸島に居住する住民の安全と安心の確保を最優先する。

③台湾政府に対して在留邦人の安全に留意するよう依頼するとともに、日台交流協会台北事務所は、台湾における在留邦人の安全確認、保護及び帰国支援について引き続き

取り組む。帰国支援については、民航機の運航が開始され次第、政府専用機と民航チャーター機を派遣する。中国を刺激せぬよう自衛隊機は使用しない。

④自衛隊は、弾道ミサイル防護措置の体制を万全にするとともに、米軍との共同作戦実行態勢を速やかに確立する。

⑤我が国の領土に対する侵攻に対しては、法的な手続きなどのために現地での対処が後手に回らぬよう迅速かつ的確に対処する。

●尖閣諸島への中国漁民上陸

安全保障会議の直後、多数の漁船が突如尖閣諸島周辺に現れ、漁民と見られる100人ほどが上陸を果たします。海上保安庁は入国管理法違反容疑で取り締まりを行うために、警察とともに同島に上陸しようとします。ところが上陸した漁船員は、小銃、機関銃、無反動砲、迫撃砲などで武装しており、上陸しようとする巡視船に対して銃撃を加え、海上保安官及び警察官に死傷者が発生します。上陸者は重武装した海上民兵のようだという連絡を受けた政府は、直ちに自衛隊に対して治安出動を発令し迅速な鎮圧を指示しました。水陸機動団を中心とする陸上自衛隊の部隊がオスプレイを用いて急襲し、銃撃戦の結果、上陸した漁船員を拘束しました。彼らは中国の漁船員であり、中国軍人ではない、武器弾薬は自分たちで手に入れたと話し、中国政府や中国軍からの指示は受けていないと供述します。

一連の事態を遠巻きに監視していた中国海警の巡視船は、尖閣諸島は中国の領土であり、日本政府が上陸した中国の人民を逮捕するのは不当であり、直ちに漁船員を解放せよと無線で抗議してきました。日本政府は、尖閣諸島日本固有の領土であり、多数の漁船員が不法に領土に侵入し、さらに銃撃をもって日本の公務員に危害を加えたことは、日本の主権に対する侵害であり、日本の法律によって裁かれなければならないと言明しました。

難しい米軍の介入と日本の支援

数日間に及ぶ中国の集中的な攻撃により台湾空軍の対空警戒網の多くは破壊され、あるいは機能不全となりました。航空基地は続く空襲のために復旧作業ができません。桃《とう》園《えん》、松山《まつやま》などの民間機用の空港は被害を免れていますが、台湾空軍は戦力が概ね半減し、運用根拠は民間空港と高速道路などの臨時飛行場に限られ、航空優勢は中国に奪われました。

弾道ミサイル攻撃を免れた台湾海軍艦艇は、質的にも量的にも優勢な中国海軍艦艇と航空機の追跡、攻撃によって半減状態となりました。中国側の艦艇、航空機の被害も少なくありませんが、量において優勢な中国海空軍の前に、パワーバランスは中国に圧倒的に有利な状況となりつつあります。

それでも台湾軍は、「沿岸決勝」、すなわち、台湾の沖合に来襲する敵戦力を洋上で撃破するために、温存してきた地対艦ミサイル部隊を展開するとともに、戦闘機部隊を再編しました。数少ない機雷敷設艦は、上陸予想地点の沖合に機雷を敷設しました。市街地に紛れて戦力を温存した陸軍は、「水際殲滅」※12の態勢に移行しました。その主戦力は各種火砲、ミサイル、ヘリコプター、戦車などです。

※12　敵の上陸を海岸付近で撃破すること。

しかしながら、台湾軍の作戦構想を察知している中国は、台湾上陸ではなく航空攻撃を強化して台湾軍の戦力消耗を狙いつつ、台湾市民への被害を避けるために市街地への攻撃は手控えています。こうしたことから、戒厳令にもかかわらず、台湾内の抗争はますます激しく燃え上がります。軍の被害が拡大するとともに、警察が市民の騒乱事態を鎮静化できないことに野党、国民は非難を強めます。

米国は、米空母戦闘群をフィリピン海に展開し、早期警戒機とともに戦闘機を台湾南部空域に進出させて中国艦艇や航空機が深く侵入できないよう牽制していますが、中国軍への攻撃や台湾国内への兵力展開は控えています。

米国内では、台湾関係法の解釈を巡って米国議会や国防省等の政府機関で意見が分かれ、また、米国民世論も分裂しているため、大統領が決断を下せない模様です。日本は事態を「重要影響事態」に認定し、台湾周辺の中国軍の活動情報を台湾政府や軍と共有する態勢を構築しましたが、米軍が介入しないため直接的な米軍支援は控えており、尖閣諸島の事態対応を優先せざるを得ない状況です。

統一派による総統府占拠

浮遊機雷による艦船の大破に端を発した紛争から2週間、中国の航空攻撃、停電、通信障害及び内部紛争で台湾の国内治安は大きく乱れ、国民の不安と不満は最高潮となります。その時、中国特殊部隊と呼応した統一派武装勢力が総統府を占拠し、総統以下民進党の主要幹部を拘束します。それを待っていたかのように、電力と通信は回復し、国民党統一派の指導者がテレビ、ラジオ、SNS等のメディアを通じて、国民党が事態を完全に掌握したことを宣言します。

中国は、直ちに国民党を台湾の正当な政権と承認する旨の声明を出し、台湾への攻撃を直ちに停止するとともに、治安回復と国民の安全確保に全面的に協力することを宣言しました。これによって独立派の抵抗は急速に弱まり、新たに任命された国軍司令官の命令によって台湾軍の作戦行動は終結しました。

半年後、総統選挙で国民党候補が勝利し、同時に実施された国民投票では一国二制度による中国との統一が過半数を大幅に超えて承認されました。

ケース3 A2/AD環境下の米中戦争：台湾への本格侵攻

習近平による台湾侵攻の決断

X年Y月、中国の経済成長が急減速し、国営企業や地方政府が抱える膨大な債務の解決も見通しが立たなくなりました、不動産バブルが崩壊し、失業者が増大し、これに不満を持つ国民の怒りが国内の治安状況を悪化させるなど、習近平主席の政策の失敗は明らかになり、習近平主席への批判と不満が強まります。

一方、台湾の総統選挙は民進党候補が台湾独立政策を明確に掲げ、国民党候補を大きくリードする展開となっています。習主席は、「一連の中国の経済低迷や台湾世論の独立志向は米国が仕掛ける情報戦の結果であり、これ以上の外部勢力の干渉や台独（台湾独立）分子の反民族的行動に対しては武力行使を辞さない」と宣言、台湾海峡及び台湾周辺海空域で大規模演習を実施することを表明しました。

数週間後、中国軍は台湾海峡中間線の中国側に多数の戦闘艦艇を、バシー海峡には空母「遼寧」及び「山東《さんとう》」を中心とする機動部隊を展開し、海空共同訓練を実施。東部戦区のミサイル部隊は即応態勢をとり、H－6K爆撃やJ－11戦闘機の戦爆編隊が台湾本島を時計回り、反時計回りの双方向同時周回飛行を繰り返します。さらには無人攻撃機「翼竜」の多数機編隊が投入され、模擬攻撃を繰り返します。そのような演習中に、中国は、台湾本島をすっぽりと覆う防空識別区（ADIZ）を設定、ADIZ内への進入には中国当局の許可が必要であり、無断進入にはしかるべき措置をとると宣言します。バシー海峡への空母展開とADIZによる空域制限によって、台湾は実質的に海空交通路を遮断される事態となりました。

中台武力紛争の勃発と拡大

台湾は中国の演習に名を借りた封鎖作戦を強く非難し、防衛態勢をDEFCON[※13]2（準戦時）にまで上げ、CAP[※14]（戦闘空中哨戒）を実施します。CAP実施中の1個編隊が台湾海峡中間線を越えてきた中国軍戦闘機と対峙、強力なECM[※15]（電子戦）とミサ

※13　戦争の準備態勢を五段階に分けた米軍の規定。
※14　戦闘機による防空行動で、戦闘機をあらかじめ空中待機させることにより、接近する敵航空機を早期に排除する。

イルのロックオンを受けたため、自己防御装置（チャフ、フレア）[※16]を使用して回避し、僚機が警告射撃を実施。これに対し、中国軍戦闘機は「攻撃を受けたので反撃する」と交信し、台湾軍戦闘機を撃墜します。この事態を受け、中国は台湾の空軍基地をはじめとする軍事施設に弾道ミサイル、巡航ミサイルによる一斉攻撃を実施、さらにはH－6爆撃機による波状攻撃を実施し、台湾の空軍施設及び戦力は壊滅的な打撃を受けます。

中国による台湾への集中的な奇襲攻撃は、わずか数日間で台湾海空軍に大きな被害をもたらしました。中国はさらに海軍戦力による警戒・封鎖ラインを設置し、台湾の封鎖態勢を堅固にしつつ、大陸からの本格的な着上陸作戦への準備を進めます。

米軍の作戦計画5077発動[※17]

中国の台湾に対する奇襲攻撃に対し、米国議会は台湾関係法に基づき、台湾防衛に米軍を投入する決議を全会一致で採択、トランプ大統領は台湾防衛のために必要な軍事行動を米軍に命令します。日本政府も事態を重要影響事態と認定し、米軍支援に必要な措置をとることを決定します。一方中国は、内政問題に関する米日の干渉は中国に対する主権の侵害であり、断固として排除すると宣言します。

米インド太平洋軍は作戦計画５０７７に基づき、マラッカ海峡を通過する中国船籍タンカー等の臨検を実施する態勢を構築するとともに、バシー海峡に展開する中国の空母機動群に対してトマホーク巡航ミサイル及び潜水艦による攻撃命令が下されます。同時に、グアム島に展開するB－52、岩国基地所在の海兵隊F－35Bと佐世保基地配備の強襲揚陸艦に出撃を命じます。また、横須賀所在の第七艦隊空母機動群は西太平洋方面への機動を、嘉手納基地に常駐するF－15部隊は中国からのミサイル攻撃による被害局限のため、本州の自衛隊基地等へ分散配置が指示されます。さらに、中国軍の指揮統制ネットワークに対する米軍のサイバー攻撃が開始されました。

※15　電磁波を利用した軍事行動で、この場合は電波妨害、レーダー妨害など。

※16　チャフは航空機を探知して追尾するレーダー電波を反射する物体。フレアは熱源を探知する赤外線誘導ミサイル専用のおとり。

※17　２００６年5月、米紙『ワシントン・ポスト』でジャーナリストのウイリアム・アーキンが「作戦計画５０７７」の存在を暴露し、台湾の英字紙『タイペイ・タイムズ』も翌月に内容を確認する記事を掲載した。作戦計画は２００４年に更新されたが、それ以降の計画については存在を含め不明。

台湾戦域における米中武力衝突と日本

中国軍は、台湾周辺の海上優勢、航空優勢の獲得・維持を目標に、台湾の海空軍基地への爆撃を継続する一方、米軍の介入が不可避と判断し、嘉手納基地にミサイル攻撃を実施しました。この事態を受け、日本政府は武力攻撃事態を認定し、自衛隊に防衛出動を発令、与那国島周辺空域の日米共同防空、米軍戦力補完のための米空軍攻撃パッケージへの参加、空母機動部隊の防護等、日米共同作戦が実施されます。

米軍による本格的な反攻作戦によって中国軍の海空戦力は急速に損耗し、空母「遼寧」も大破、航行不能の状態になります。2週間後には、台湾本島周辺の海上・航空優勢は完全に米軍が支配する状況となりました。この間、台湾防空軍による米軍機への誤射や自衛隊機による台湾機撃墜事案等も生起し、米軍及び自衛隊にも戦闘による大きな損耗が出ましたが、台湾への侵攻は阻止され、中国の海空軍戦力を大幅に減殺する結果となりました。機会に乗じた米軍は、中国がスプラトリー諸島に建設した七つの人工島に対しても攻撃を加え、これらの軍事施設はほぼ完全に無力化されました日米共同作戦の開始と同時に日米両政府は、中国による日本及び米国に対する武力攻撃は戦争行為だと非難し、国連安全保障理事会に緊急提訴しました。中国は拒否権を発動し決議を阻止しますが、戦況の悪化に伴い、ついに英仏による安保理での停戦提案を受け入れます。ＡＳＡＥＮ地域フォーラムや五か国防衛取り決めなど地域の安全保障枠組みも即時停戦要求を決議し、停戦が合意されます。習近平主席は敗戦の責任を取らされて失脚、中国共産党は集団指導体制となります。

4　シミュレーションの解説

イアン・イーストンの論文：「中国の戦争計画トップ5」

中国による台湾統一の三つのケースをシミュレーションしました。どのケースの可能性が最も高いでしょうか？　また、安全保障・防衛は最悪に備えることを基本とします が、どのケースが日本にとって最悪でしょうか？　結論をまとめる前に、米国ワシントンDCで安全保障関係者が注目している論文を紹介します。著者のイアン・イーストンはプロジェクト2049（親台湾系の中国研究機関）の研究者であり、2013年夏には日本国際問題研究所の客員研究員として勤務したほか、台湾や中国本土においても5年間の滞在経験を有しています。同氏は2017年10月に『中国の侵略の脅威（The Chinese Invasion Threat)』（邦訳なし）を出版し、「2020年台湾武力侵攻計画」について詳細に分析、PLA（People's Liberation Army＝中国人民解放軍）の最重要かつ基本となる作戦計画が台湾への本格侵攻であると結論しています。紹介する論文※18は、2019年1月6日に公開されたものです。

論文は、2015年12月末に実施されたPLAの大規模な軍事改革がなぜ必要だったかという疑問から出発しています。そして、PLAの内部資料等を分析した結果、PLAにとって、米軍の台湾防衛支援行動を抑止、遅延、もしくは阻止しつつ、台湾征服を準備することが究極の目標であると結論づけています。PLAの公刊資料によれば、中印国境は紛争の発火点であり、インドは将来の危険な敵として認識されているものの、中国の内陸部の国境防衛は重要だが二義的なものとの評価です。

論文の要点：五つの戦争計画

論文の要点をまとめると、軍事改革の眼目である「統合戦力」及び「統合作戦」は以下の五つの戦争計画を前提にしています。

①台湾への大規模統合火力打撃作戦（Joint Firepower Strike Operations against Taiwan）：台湾の軍事・政治・経済的に重要な目標に対するミサイル攻撃と航空攻撃を実施して、台湾の防衛能力を破壊、中国共産党に抵抗する意思を低下させる作戦。

②台湾への大規模封鎖作戦（Joint Blockade Operations against Taiwan）：サイバー攻撃、電子攻撃（電波妨害など）、ミサイル攻撃、航空攻撃、海上攻撃、攻撃的機雷戦を駆使して、台湾を封鎖し孤立させる作戦。

③台湾への統合侵攻作戦（Joint Attack Operations against Taiwan）：全面的な着上陸

※18　Ian Easton, *China's top five war plans.*

作戦（ヘリコプターや空挺部隊による着陸作戦と揚陸艦や上陸用舟艇を使用した上陸作戦）で、火力打撃作戦と封鎖作戦の成功後に行う作戦。

④統合対航空作戦（Joint Anti-Air Raid Operations）：中国本土近くに存在する米軍部隊を人民解放軍、武装警察、民兵などで攻撃する作戦で、とくに米軍の航空攻撃への対処を重視した作戦。

⑤国境地域統合作戦（Joint Border Area Operations）：国境地域におけるインド軍やチベット義勇兵の攻撃に対処する作戦。

これらの計画は相互に関連し同時に実施されることもあれば独立して実施される場合もあります。また、これらの作戦を支援するための各軍の作戦が付随することもあります。

ＰＬＡにとって最悪のシナリオは、二正面において、すなわち、東方で台湾軍及び米軍と、南方でインド軍と、これら五つの作戦を同時に遂行することです。この二正面シナリオでは、まずＰＬＡが統合火力による打撃を台湾に加え、短期間の集中した海上封鎖を実施します。台湾軍が十分弱体化したと判断されたら、ＰＬＡは統合侵攻作戦を開始し、着上陸作戦を実施、主要な橋頭堡《きょうとうほ》が確保されたあとは、台湾本島の縦深部における激しい市街地戦や山岳戦が展開されます。

ＰＬＡの論文等には、ある特定されない時期に米軍が介入し、台湾海峡周辺や中国沿岸部のＰＬＡ戦力に対する巡航ミサイル攻撃や航空攻撃が行われると想定するものが多数あります。この米軍の航空攻撃に対し、中国側は統合対航空作戦で対抗します。さらに、この機会に乗じて、インド軍もしくはチベット義勇兵が脆弱なヒマラヤ国境を越えて攻撃してくることも想定されています。ＰＬＡの文書には、日本、オーストラリア及び東南アジア諸国のいくつかが台湾海峡紛争シナリオにおいて中国に敵対する可能性も指摘されていますが、あまり注意は払われていないとされています。

論文は、続けて五つの作戦計画の様相を描写し、最後に、これら五つの作戦計画が中国軍の改革増強を推進する原動力であり、中国共産党のプロパガンダとは正反対の、台湾侵攻とその延長としての米国及びその同盟国との侵略戦争を中国は準備していることを理解すべきだと主張しています。

多くの有識者が南シナ海を最も危険なフラッシュポイントだと信じていますが、PLAの文書は中国の軍事力拡大が台湾海峡と西太平洋での戦いを主に目指していると述べています。従って、米国は台湾との政治、外交、安全保障関係における自主規制を解除し、台湾の軍事力を地域の防衛態勢に統合化すると同時に、インド太平洋に前方展開する米軍戦力を増強し、中国の戦争計画に対抗し得る能力を付与すべきであるという結論です。

シミュレーション分析のまとめ

第五章では、第三次台湾海峡危機の経緯と要点、中国の周到な台湾統一のための準備を踏まえ、第四次危機をシミュレーションしました。分析結果の要点をまとめると以下のようになります。

・中国は台湾統一を最優先目標とし、軍事、経済、外交、情報等のあらゆる手段を準備・行使している。

・シミュレーションの考察の結果、ハイブリッド戦及び短期激烈限定戦の場合、米軍の迅速な介入は難しく、台湾の統一派が政権を支配する可能性がある。
・一方、中国が米軍を直接攻撃する場合（米中紛争）、当初は中国軍が海上・航空優勢を支配する可能性があるものの、米軍の集中的な反撃により次第に米軍が優勢を奪還し、台湾への侵攻は阻止される可能性が高い。
・米国は中国との全面戦争（核攻撃）へのエスカレーションを防止するため、中国の主要都市や内陸部への攻撃は控えるものの、沿岸部の海上・航空基地及び戦力、さらには南シナ海に建設された軍事施設を破壊すると考えられる。
・いずれのシナリオにおいても、台湾軍は早期に大打撃を被《こうむ》る可能性が高い。中国の三戦（世論戦、心理戦、法律戦）やサイバー攻撃によって台湾世論がどのように影響されるかが事態の結果を左右する。
・日米それぞれに国内的な制約要因があるため、中台紛争（とくにハイブリッド戦）への介入が遅滞したり、できなかったりする可能性がある。
・日米台の共同作戦行動は、作戦計画が共有されておらず、平時からの共同訓練等でインターオペラビリティー（相互運用性）が確保されていないため、非効率的な作戦遂行や友軍相撃の恐れがある。

第六章

日本の安全保障を考える

最終章では、「日本の安全保障をいかにすべきか」について考えてみたいと思います。

第一章では「米中覇権争い」がグローバルな安全保障環境の基調であると記しました。その原因として、習近平主席が唱える「中華民族の偉大なる復興」があり、２０４９年までに米国をも凌駕《りょうが》する大国になるという野望があることを述べました。

第二章では米国のトランプ政権が主張する「大国間競争」、とくに中国との覇権争いにおいて、いかに中国に勝利するかが米国の戦略や作戦構想の焦点になっていることを述べてきました。このような米中覇権争いのはざまで我が国はいかなる選択をすべきかが問われています。

我が国は、米中覇権争いのなかで明確に米国に付くべきだというのが常識的な判断だと思います。日本側から中国に対して喧嘩《けんか》を吹っ掛けるなどは愚の骨頂で、絶対にすべきではありませんが、中国関連で我が国に降りかかる火の粉は振り払わなければいけません。その際に、米国やその同盟国・友好国と連携して行動することが賢いやり方です。日本単独でできることは限られています。目をインド太平洋地域や世界に転じて、広い視野で日本が抱える諸問題の処方箋を見出し、国益を追求しなければなりません。

以上のような観点で我が国の安全保障問題を見渡すと、解決すべき根本的な問題が山積しています。一言で表現すると、実際的ではない建前だけの安全保障政策やリアルでない戦略などが多すぎます。これらの諸問題の大半は憲法第九条が根本原因です。憲法第九条を改正しない限り、日本にまともな安全保障態勢が確立できるとは思えません。

本章においては、安倍晋三首相が主導する「自由で開かれたインド太平洋（ＦＯＩＰ：Free and Open Indo-Pacific）」と、このＦＯＩＰの趣旨を取り入れたトランプ政権の「インド太平洋戦略」を重視して論を展開していきます。

さらに、第二章で紹介した米国の民間シンクタンク、ＣＳＢＡ（戦略予算評価センター）の「海洋プレッシャー戦略」も参考にします。「海洋プレッシャー戦略」は、国防省の「インド太平洋戦略」を軍事面で具体化したもので、第一列島線を核心として、中国のＡ２／ＡＤ（接近阻止・領域拒否）に対処する米国の戦略です。この戦略は第一列島線を核心としますから、第一列島線を構成する国々との連携を強調します。ここではとくに日本の南西諸島の防衛と台湾の防衛との密接不可分な重要性を認識して、日本の安全保障の在り方を考察したいと思います。

1　インド太平洋戦略

中国が強圧的に台頭し、「一帯一路」構想により中国主導の秩序をアジア、中東、アフリカ、欧州まで広げようとする現在、安倍首相が提唱したＦＯＩＰには大きな意味があります。それは米国の「インド太平洋戦略」も含めて「一帯一路」に対抗する戦略です。

ＦＯＩＰの概要

法の支配に基づく自由で開かれた海洋秩序は、国際社会の安定と繁栄の礎《いしずえ》です。日本は、国際社会の安定と繁栄の鍵を握るのは、「二つの大陸」（成長著しい「アジア」及び潜在力溢《あふ》れる「アフリカ」）と「二つの大洋」（自由で開かれた「太平洋」及び「インド洋」）の交わりによって生まれる活力であると考え、これらを一体として捉えた外交戦略がＦＯＩＰです。

アジア太平洋からインド洋を経て中東・アフリカに至るインド太平洋地域は、世界人口の半数以上を養う世界の活力の中核です。安倍総理大臣は以前から自由で開かれたインド太平洋の重要性を強調してきました。こうした考え方を2016年8月のアフリカ開発会議の場で改めて提唱したものがＦＯＩＰです。

インド太平洋地域の海洋秩序は、海賊、テロ、大量破壊兵器の拡散、自然災害、違法操業などの様々な脅威に晒《さら》されています。そのため、ＦＯＩＰにおいては、以下の3点を重視しています。

①航行の自由、法の支配などの普及・定着。②国際スタンダードに則った「質の高いインフラ」整備等を通じた連結性の強化などによる経済的繁栄の追求。③海上法執行能力の向上支援、防災、大量破壊兵器の不拡散などを含む平和と安定のための取り組みの推進。

なお、ＦＯＩＰについては、米国やインドなど多くの国から賛同を得ています。

インド太平洋戦略と中国の「一帯一路」は米中覇権争いの象徴

中国は一帯一路により、米国主導の秩序に対抗して中国主導の秩序を世界に広め、グローバルな影響圏の拡大を目指しています。

一帯一路には陸の「シルクロード経済ベルト」と海の「21世紀海上シルクロード」がありますが、「インド太平洋戦略」と直接ぶつかるのは「21世紀海上シルクロード」です。米国は「インド太平洋戦略」により、米国の同盟国と友好国（とくに第一列島線を構成する国々）で中国に対処しようとしていますし、中国は「一帯一路」によって中国の勢力圏におく国々を増やして米国をインド太平洋地域から排除しようとしています。まさに米中の覇権争いがこの地域で展開されているのです。

日米共通の「インド太平洋戦略」を推進すると、中国の国益と衝突する可能性がありますが、台湾紛争が生起する可能性や、南シナ海紛争が生起する可能性があります。その際に、日本には中国の攻撃対象となる在日米軍基地がありますから、日本の安全保障と密接な関係があります。

第一列島線諸国との連携強化

中国沿岸部から外洋に通じる出口はすべて第一列島線によって押さえられており、この列島線上に中国領は存在しません。これは中国の戦略上大きなハンディとなっています。つまり、人民解放軍が効果的に第一列島線を通過できず、かつ第一列島線内部に敵兵力の侵入を許すことになれば、中国の言うA2／AD戦略など機能しません。この状況を維持、作為するためには、第一列島線上に中国が支配地域を確立することを防止することが絶対条件となります。

現在、この列島線上には、北から日本、台湾、フィリピン、マレーシア、インドネシアが存在し、加えて南シナ海の沿岸国として中国と領土係争中のベトナムが位置しています。このうち、日本、台湾を除く各国の海・空軍戦力は極めて貧弱であり、とても中国に対応できるレベルにはありません。

日本もこの実態は十分承知しており、2007年、小泉純一郎政権時にインドネシアに巡視船3隻を供与しました。安倍政権においてはフィリピンに巡視船10隻を、ベトナムに中古監視船6隻と沿岸レーダーシステムを供与するとともに、2016年にはフィリピンに対して海自練習機5機の有償貸与を決定・実施しました。

この程度の供与では焼け石に水であることは明白ですが、少なくとも同列島線上各国の戦力アップに関心を示したことは画期的であり、従来、この種の援助をまったく顧みなかった我が国の姿勢からは大きく前進したと言えます。

しかしながら、日本が実施できる援助にも限りがあります。とくに、バシー海峡以南に位置する各国は日本が支えるにはあまりにも戦力的に脆弱であり、地理的にも離れすぎています。従って、現状以上の支援は、日本の国力に鑑みれば限界であり、この地域の梃入れは米国に任せ、日本は自国防衛とそれに密接な関係を持つ地域の支援に力を注ぐべきであると考えます。

では日本の防衛に最も密接な地域とはどこか？　一目瞭然、台湾です。言うまでもなく台湾は日本の南西諸島の南端、与那国島から100㎞余の距離に位置し、国土面積約3600㎢、人口2300万余、高度なインフラを有する第一列島線上の一大勢力です。この島が中国の勢力下に組み入れられれば、他の列島線上の諸国にとって戦慄《せんりつ》すべき事態となることは火を見るより明らかです。米国が「台湾関係法」を維持し、台湾を支えている理由もここにあります。

2　日本の戦略から欠落した台湾

日米同盟と中台関係

現下の日本の戦略において欠落している重要な国家が存在します。台湾です。現在、我が国と台湾の間には国交がなく、中国政府に対する日本の過度な遠慮もあって、台湾については我が国の戦略構想から排除されています。これは重要な問題ですが、これまでの日米中及び台湾との関係について、概観しておきます。

●1971年以前は「日本は安全保障面で台湾との友好関係が成立していた」

日本は、1951年のサンフランシスコ講和条約において、「台湾及び澎湖諸島に対するすべての権利及び請求権を放棄」したものの、同講話会議には中華民国、中華人民共和国ともに招聘《しょうへい》されなかったため、台湾の帰属については明示されませんでした。

その後、日本は1952年に中華民国政府を承認し「日華平和条約」が締結されました。しかし、戦後の経済復興を目指す日本にとって、広大な国土と膨大な人口を有する中国の市場価値は計り知れないものと判断し、1962年、中国との間に「日中長期総合貿易に関する覚書」が調印されました。以後、日本は国家間の政治と経済を分離する「政経分離」の方針を掲げ、双方の国家間に存在する複雑な問題の解決をあやふやにした政策を推進してきました。当然ながら、この日本の政治姿勢は、中国及び台湾両国に対日不信感を生起させ、数々の問題を惹起《じゃっき》させる結果となりました。

米国は1954年に台湾との間に「米華相互防衛条約」を締結し、1960年には日本との間に新たな「日米安全保障条約」（以下、日米安保条約）を締結し、この二つの条約をもって、日本と台湾は米国と価値観を同じくする国家としての立場を鮮明にしました。少なくとも、安全保障面においては一貫して友好関係が成立していたと言えます。

とくに、日米安保条約においては、その第六条（極東条項）において「日本の安全に寄与し、並びに極東における国際平和及び安全に寄与するため、米国は、その陸軍、空軍及び海軍が日本国において施設及び区域を使用することが許される」と規定しています。そして、日米安保条約における「極東」とは「大体において、フィリピン以北並びに日本及びその周辺の地域であって、韓国及び中華民国の支配下にある地域もこれに含まれる」との日本政府の統一見解（１９６０年２月26日衆議院安保特別委員会における見解）が示されています。

これは、「台湾有事」において米軍は日本の施設及び区域を使用して台湾を軍事的に支援することが可能であることを示しています。この事実を再確認するように、沖縄返還を前提とした１９６９年の「佐藤・ニクソン共同声明」においても、「台湾地域における平和と安全の維持も日本の安全にとって極めて重要な要素」という「台湾条項」が盛り込まれ、沖縄返還後の同地域の米軍基地の使用について保障を与える形を採り、中国の反発を招くに至っています。

このように、日本は、安全保障面において台湾側に立つ姿勢を変更することはなく、これに伴い、台湾との防衛面での交流も公然と実施されていたことが確認されています。

しかしながら、１９７０年代になるとこの状況は一変します。

●米中・日中正常化により、「日本は台湾との外交関係を断つ」

日本は、中国との国交正常化が日米安保体制に影響しないことを確認したうえで、中国との間に日中共同声明を採択し、その第三項には、「中国は、台湾が中国の領土の不可分の一部であることを重ねて表明する。日本は、この中国の立場を十分理解し、尊重し、ポツダム宣言第八項に基づく立場を堅持する」と規定しました。

中国が一度も台湾に実効支配を及ぼしていないという政治的な現実と台湾の帰属については、「すべての権利などを放棄した日本が言及する立場にはない」との姿勢を示すことで、台湾の帰属についての承認を回避しました。

他方、「日華平和条約」については共同声明発出直後、「日中国交正常化の結果として、存続の意義を失い、終了したものと認められる」との一方的な声明を行い、米国の「台湾関係法」のような政治的・公的な関係を構築することなく、台湾との外交関係に終止符を打つに至ります。

この日本側の動きに対して、台湾外交部は対日断交を発表したものの、「すべての日本の反共民主の人士に対し、依然、引き続いて友誼を保持する」として、日台間の民間交流を存続させる意思を示し、これにより日台関係は非政府間の実務関係として維持される結果となりました。そして1972年「財団法人交流協会と亜東関係協会との間の在外事務所相互設置に関する取り決め」を締結し、現在に至っています。

以上記述してきたように、1971年以降、台湾はほぼ一方的に新しい国際環境におかれる結果となりますが、この背景を分析すれば、次の結論が得られると考えます。

・米国はベトナム戦争の泥沼からの脱出に向けて、また、対ソ連包囲網の強化の一環として中国の協力が得たかった。
・日米はともに中国の市場価値に大きな可能性を見出していた。
・そして何より、日米安保体制が機能している限り、台湾の安全が近未来において直接脅かされる懸念がなかった。

中国は当時、核兵器を保有する軍事大国ではありましたが、その戦い方は旧態依然としたものであり、大規模な陸軍を有するものの、その実態は旧式兵器の集合体にすぎず、海、空軍の戦力に至っては領域外に戦力を投射する能力は皆無に近く、到底、日米同盟側戦力に対抗できる戦力ではありませんでした。

このため、当面、台湾をある程度犠牲にしても中国と連携する実利が大きく、何より、日米安全保障体制が機能している限り、台湾の安全は担保できるとの判断が、この変化を許容した根底にあったことは疑いないものと考えます。しかしながら、冷戦の崩壊と西側の関与政策を受けた中国の急速な経済伸長が状況を劇的に変化させることになります。

日米同盟強化と台湾

●日米安全保障条約

1960年に「日本国とアメリカ合衆国との間の相互協力及び安全保障条約」が、1951年に制定された「旧安全保障条約」を引き継ぐ形で締結されました。この条約において「各締結国は日本施政下にある領域における、いずれか一方に対する武力攻撃が、自国の平和及び安全を危うくするものであることを認め、自国の憲法上の規定及び手続に従って共通の危険に対処するよう行動すること」（第五条事態）及び第六条においては前述した通り、極東条項として極東における米軍の行動に関し、日本の施設及び区域を使用できる旨が記載されています。

この第五条の適用範囲に尖閣列島が含まれることはオバマ政権においてもトランプ政権においても認めています。

また、日本政府は「極東」の範囲に台湾が含まれていることを政府見解として示しています。従って、「台湾有事は当然、日米安保条約の適用範囲」にあり、台湾有事に際し、米軍が日本領域から行動することは、前述した「台湾条項」からも可能性が高いものと推察します。

●１９９６年の「日米防衛協力の指針」（１９９６ガイドライン）

１９９６年、台湾初の総統選出選挙が実施される直前、中国が台湾に対する武力威嚇を実施しました。この第三次台湾海峡危機と、当時険悪化した朝鮮半島情勢を契機として、１９９７年に「日米防衛協力の指針」が合意されました。そのなかで「日本周辺地域における事態で日本の平和と安全に重要な影響を与える事態（周辺事態）の協力」が規定されました。

周辺事態に「中国と台湾の紛争」が含まれるか否かについて、1997年8月、当時の梶山静六官房長官は「理論的に台湾が含まれる」との見解を示しています。また、田中均外務省審議官（当時）も王毅中国外交部アジア局長（当時）との会談において「中国が台湾に戦争を仕掛けるなら、日本の安全保障に影響する重大な事態と見做《みな》され、ガイドラインに従う行動を採らざるを得ない」旨、発言しています。

この見解は、2015年の「ガイドライン」と「平和安全法制」にも受け継がれていると考えることが自然です。これを裏づけるように「2015ガイドライン」においては、日本の平和と安全に加え「アジア太平洋及びこれを越えた地域が安定し平和で反映したものになるよう」と明示されています。

3　台湾有事と日本の法制度上の問題

台湾有事は、米国にとって米中戦争にエスカレートする可能性の高い深刻な事態です。そして、日本にとっても日米同盟の真価が問われる事態です。この深刻な事態において我が国には大きな足かせがあります。日本国憲法第九条を根源とする法制度上の問題です。この法的な問題のために台湾有事をはじめとする深刻な事態に適切に対応できない可能性が大きいのです。以下、日本国憲法、平和安全法制、平時の自衛権について説明します。

日本国憲法

●第九条によって日本の平和が守られてきたのではない

多くの護憲論者が「戦後70年間、日本の平和が守られたのは憲法第九条のおかげだ」と主張しますが、説得力がありません。「我が国独自の防衛努力と日米同盟のおかげで日本の平和が守られてきた」というのが現実的な評価だと思います。反対に、「憲法第九条の存在のために、日本の安全保障は脆弱なものになっている」という解釈のほうが正しいと思います。

日本国憲法は平和主義の理想を掲げ、第九条一項で侵略戦争の放棄を宣言し、二項で陸海空の戦力不保持と交戦権の否認を規定しています。その結果、憲法上、自衛隊は軍隊ではなく、その規模は必要最小限の縛りがあり、行動においても必要最小限の武力の行使を義務づけられています。

一方、自衛隊は国際法上は軍隊であり、世界中で軍隊として認識されていて、国内と国外における認識のギャップには大きなものがあります。従って、速やかに第九条を改正して、自衛隊を軍隊として認める必要があります。我が国の危機管理態勢を考えた場合、第九条の改正が出発点になります。

前述した、集団的自衛権行使に伴う憲法解釈ですら、国内の反対勢力からは「一内閣の解釈変更で実施できる範疇《はんちゅう》のものではない」との意見が多く示され、また多くの憲法学者も集団的自衛権行使に否定的な立場をとっています。

しかしながら、憲法解釈の大きな変更は今に始まったことではありません。現に憲法発足当初は「憲法上のいかなる戦力も保持できない」としていた政府の方針を１９５０年代の冷戦の激化を受けて「日本は武力によらざる自衛権を持つ」として日米安保条約を締結し、１９５４年には「国土を防衛する手段として武力を行使することは憲法違反ではない」と、当時の内閣が憲法解釈を変更して自衛隊を創設しました。

当時も、この憲法解釈の変更が日本に戦争の道を歩ませるものとして激烈な反対がありましたが、結果として現実的な対応として誕生した「日米安保条約」と「自衛隊」が日本の戦争抑止力として今日までの平和を維持してきたことを国民の大半は認めています。反対に「憲法第九条は日本の安全保障に重大な支障をきたしている」と解釈するほうが正鵠《せいこく》を射ていると考えます。

戦後の我が国の防衛論議を振り返れば、今に至るまでまったく不毛な憲法を巡る神学論争に明け暮れました。そして場当たり的な政治的対応（例えば「専守防衛」「必要最小限度の実力の行使」）が、国家の正常な自衛力の構築を妨げ、本質的な安全保障戦略論議はほとんどなされず、極東情勢が極めて緊迫した今日においても、これにほとんど即応できない異常な事態を創出しています。

現政権は繰り返し、「国際協調主義」に基づく「積極的平和主義」を進めると明言しています。このためには、国際法と国内法の二元的な乖離を是正し、思考基準を国際法の基準と整合させることが必須の要件となります。

安倍政権は、「憲法改正」と「自衛隊の国軍化」を提唱して政権に返り咲いたはずであり、今までの法案整備を通じて、もはや我が国の憲法が現在の国際情勢・安全保障環境に対応するには限界に達していることがはっきりと認識できているはずです。

憲法改正もしくは当面の措置として「芦田修正論」を受け入れることは待ったなしの状態にあります。なお、芦田修正とは、憲法九条二項（戦力の不保持）の冒頭に「前項の目的を達するため」の語句を挿入、前項に定められた「国際紛争を解決する手段」を目的としない、つまり自衛目的のための戦力であればこれを保持できるとする解釈です。

歴代日本政府は、この解釈を受け入れてきていませんが、この修正を受けて憲法六十六条二項（文民規定：軍隊がなければ不要）が挿入されたことに鑑みれば、同修正は軍隊（戦力）の保持を視野に入れていたと考えるのが妥当です。

●第九条の改正に関する自民党案

第九条改正の議論が国会の場で議論されるようになったことは望ましいことですが、憲法改正の動きは停滞しています。国会議員は、国会で憲法改正の議論を正々堂々と実施し、立法府の一員としての責任を早急に果たすべきです。

自民党の条文案は、安倍晋三首相（党総裁）の提案に基づき、戦力不保持や交戦権の否定を定めた二項を含む既存の第九条を変更しないことを明確にしています。つまり、第九条とは別条扱いとなる「第九条の二」を新設しました。これは、二項の維持にこだわり「加憲」の立場を取る公明党に配慮したもので、安倍首相としては苦渋の選択だったでしょう。

そのうえで、自衛隊の定義は、現状維持となる第九条の規定が「必要な自衛の措置をとることを妨げず、そのための実力組織」という表現に落ち着きました。自民党の改正素案は、以下の通りです。

第九条の二

（第一項）前条の規定は、我が国の平和と独立を守り、国及び国民の安全を保つために必要な自衛の措置をとることを妨げず、そのための実力組織として、法律の定めるところにより、内閣の首長たる内閣総理大臣を最高の指揮監督者とする自衛隊を保持する。

（第二項）自衛隊の行動は、法律の定めるところにより、国会の承認その他の統制に服する。

自民党は、過去において党としての憲法草案を作成していますから、第九条二項を残したままの自民党の改正素案に反対する人たちも多いのが現状です。自民党の憲法草案では「憲法に自衛隊の根拠法規を明記するために、第九条二項を削除し、自衛隊や自衛権を明示する」ことになっています。この案は、国際法上も瑕疵《かし》がない点でベストな案だと主張する人も多いのが現状です。

平和安全法制

２０１５年9月、安倍総理の強いイニシィアティブの下、「我が国及び国際社会の平和及び安全の確保に資するための自衛隊法等の一部を改正する法律」（平和安全法制整備法）及び「国際平和共同対処事態に際して我が国が実施する諸外国軍隊等に対する協力支援活動等に関する法律」（国際平和支援法）（以下、二つ合わせて平和安全法制）が可決、成立しました。

「平和安全法制」においては、周辺事態を受けた形で「重要影響事態」「存立危機事態」の概念が整備され、より緊密な日米共同対処体制が制定されています。この二つの事態は台湾有事と密接な関係があります。つまり、日米安全保障体制は、一貫して台湾有事に関する関与を否定しておらず、むしろ同事態に対する日米の共同対処能力を高めてきたと言えます。

もしも、台湾有事を我が国にとっての重要事態だと判断すれば、「重要影響事態」を宣言すればよいいし、我が国の存立に関わる事態だと判断すれば、「存立危機事態」を宣言することになります。

●存立危機事態

平和安全法制整備法においては、従来の武力攻撃事態などに加え存立危機事態（我が国と密接な関係にある他国に対する武力攻撃が発生し、これにより我が国の存立が脅かされ、国民の生命、自由及び幸福追求の権利が根底から覆される明白な危険があること態）の概念を加え、①我が国に対する武力攻撃が発生したこと。または存立危機事態が存在すること、②これを排除し、我が国の存立を全うし、国民を守るために他に適当な手段がないこと、③必要最小限度の実力行使にとどまるべきこと――これらの三項目を「武力の行使の新三要件」として集団的自衛権（法律上では集団的自衛権の用語は使用していない）の限定的な行使を可能としました。

また、武力攻撃事態においては米軍のみならず、その他の外国軍隊（以下、双方併せて米軍など）に対し、物品・役務などの提供を可能とするとともに、自衛隊法を改正、自衛隊と連携して我が国の防衛に資する活動（共同訓練を含む）に従事する米軍などの武器などの防護（防御措置）を可能としました。

●重要影響事態

また、重要影響事態安全確保法（周辺事態安全確保法の改正）においては重要影響事態（そのまま放置すれば我が国に対する直接の武力攻撃に至るおそれのある事態等、我が国の平和及び安全に重要な影響を与える事態）を定義し、以下に示す内容を規定しました。

・周辺事態の地理的概念を撤廃。
・支援対象を日米安保条約の目的の達成以外に国連憲章の目的達成に寄与する外国軍隊に拡大。
・当該国の同意があれば、外国領域での活動が可能。
・後方支援の内容を拡大、弾薬の提供及び戦闘行動のため発進準備中の航空機への給油や整備が可能。
・ただし、原則として「現に戦闘行為が行われている現場」では活動は不可。

つまり、周辺事態法の地理的概念を払拭《ふっしょく》するとともに、支援地域、支援対象及び支援内容が拡大されました。とくに、支援対象が米軍以外に国連憲章の目的達成に寄与する活動を行う外国軍隊に拡大されたことは大いに評価できます。

「重要影響事態」と「存立危機事態」では自衛隊が行動できる根拠がまったく異なります。「重要影響事態」においては自衛隊の行動権限は警察権の域を超えることはなく、原則として「現に戦闘が行われている現場」では活動できません。従って、他国の有事に、これを適用することは非常に危険であり、自衛隊はもちろん、これと同一行動を実施している外国部隊を苦境に追い込む（自衛隊が警察権によって行動しているなど常識外であり、諸外国では認識できない）可能性があります。

一方、「存立危機事態」は、我が国に対する武力攻撃事態と同様に集団的自衛権を根拠とした防衛出動として対応できます。当然ながら、我が国に対する武力攻撃は個別的自衛権で対応します。従って、自衛隊は日本政府と当該有事を共有する外国政府との調整にもよりますが、基本的に国際法の許容範囲での軍事活動には制限はなく、次のような行動が可能となります。

・敵基地（策源地）攻撃（中国本土攻撃はハードルが高く友軍との調整が必要）
・敵兵力の撃破
・米軍など友軍兵力の護衛、友軍輸送部隊及びＳＬＯＣ（Sea Lines of Communication＝海上交通路）の防護
・敵対海域への機雷敷設

この意味では、日米安全保障体制の存在自体が、中国の台湾進攻に対して強力な抑止力を提供しており、間接的に大きな利益を台湾に与えているものと考えます。

その半面、台湾有事は日米同盟の試金石です。台湾有事に際して、日本がいかなる事態を宣言し、いかなる具体的な行動をとるかは日本の安全そのものに直接的な影響を与えます。その意味で、日本と台湾は運命共同体なのです。

我が国が、平時においては日米同盟に頼り、本来、自国が実施すべき防衛努力を省略

し、有事においては、戦争に伴う不利益を考慮して同盟に消極的な態度を示すことは、同盟の解消を意味します。

強固な日米同盟を維持・機能させるには主体となる自衛隊を強化させる日本側の不断の努力が必要であるとともに、台湾有事においては米軍と共同して自衛隊を効果的に運用するため、できる限り早く「存立危機事態」を発動することが必須の条件になるものと考えます。

現在、米国及び自由主義陣営諸国は米国の戦略、米中貿易戦争が示す通り、中国に対する態度を明確に硬化させており、我が国における「政治と経済は別」などという理屈はもはや、国際的には通用しません。

米国と同様に中国を長期競争相手と考え、米国の国家安全保障戦略・国防戦略などと密接に連携した新たな国家安全保障戦略・防衛戦略の立案と、それに立脚した防衛努力が必要です。

●グレーゾーン事態への対応

このほか、平和安全法制の一環として、いわゆるグレーゾーン事態の対応が検討されましたが、これに関しては法制の見直しは見送られ、①我が国の領海及び内水で国際法上の無害通航に該当しない航行を行う外国軍艦への対処、②離島に対する武装集団による不法上陸などの事案に対する政府の対処、③公海上で我が国の民間船舶に対して侵害行為を行う外国船舶を自衛隊が認知した場合における当該侵害行為への対処――の三つが２０１５年５月閣議決定され、現法制の運用効率化により対処する結果となりました。

●国際平和支援法の概要

また、「国際平和協力法」においては、国連の統括しない国際連携平和安全活動に対しても、その参加範囲を広げるとともに、国連ＰＫＯ（Peacekeeping Operations――平和維持活動）などにおいて実施できる任務を拡大しています。

「国際平和支援法」については国際共同対処事態（国際社会の平和と安全を脅かす事態であって、その脅威を除去するため国際社会が国連憲章に従い共同して対処する活動）

の概念を設定し、活動内容を、①協力支援活動、②捜索救難活動、③船舶検査活動――の三つに設定し、従来の特別措置法での対応を恒久法として整備しました。

●集団的自衛権の観点

本法制が限定的とはいえ集団的自衛権の行使を認めたことは、日米同盟をより一層緊密なものにするとともに、この地域の紛争抑止力の強化につながります。この点において、我が国の防衛法制上、画期的な成果であり、大いに評価できると考えます。この証左として、本法制の整備は中国、韓国を除く他の諸国から一様に高い評価を受けています。

日米安保条約という片務的な集団的自衛権によって自国の安全を保ちながら、自らが集団的自衛権の発動ができないという事態は異常です。この状態が緩和できたことは喜ばしいことですが、この集団的自衛権（本法制では集団的自衛権とは明記していません）は極めて限定的なものであり、その発動に必要とされる極めて厳しい三要件に鑑みれば、これは集団的自衛権ではなく、むしろ単なる個別的自衛権の延長ではないかと勘繰りたくなるほどの概念です。

これは、裏を返せば、米国にとっては、「本当に参戦してくるのか?」「いつ?」「必要最小限とはなんだ?」という不確定要素が極めて多い参戦条件と言えます。つまり、参戦時期、参戦兵力はおろか、参戦するかどうかも当てにならないということです。

●集団安全保障の観点

今回の法整備においてもう一つ重要なことは、集団安全保障に対する我が国の参加の道が開かれたことにあります。

従来、歴代内閣は日本が国連加盟時、何の留保も行わず、加盟国として国連軍への参加義務を有するにもかかわらず、国内的には「国連軍への『参加』は憲法上許されない」とし、国内法令のみを優先させた国連軽視も甚だしい状況をつくり、維持してきました。

そもそも、我が国の安全保障の基本は国連による集団安全保障体制を基盤としており、同体制が機能するまでの間、日米安保条約による集団的自衛権を基調として対処するものです。このため、集団安全保障と自衛権は表裏一体の関係にあると言え、双方の活動を同時に担保しない限り、完結した安全保障体制を構築できません。

今回の法整備においては、2015年6月の国会答弁において、「新三要件を満たしている限り、国際法上の根拠が集団的自衛権であろうが集団安全保障になろうが、自衛隊は活動できる」との趣旨の発言が首相及び外務大臣からなされるに至りました。このことは、本法整備において、新三要件の満足という極めて限定的な条件下とはいえ、初めて日本が集団安全保障措置に参加できる道が示されたことになり、その意義は極めて大きいと考えます。

●平和安全法制の問題点

本法制には大きな問題が内包されています。本活動は、国内的になんと説明しようが、国際法的には明らかに軍事行動であると見なされることです。その半面、「武力の行使の一体化」を避けるため、当該派遣部隊は平時の概念たる警察権の延長としての武器使用しか認められていません。このギャップは、活動する部隊を非常な苦境に追い込むことが予想されます。

　このほかにも同法制には問題点が内包されています。そのほとんどが憲法解釈から発生しているものです。最も根本的な問題点に対する論述が最後となりましたが、以下、日本国憲法などの問題点について論述します。

平時の自衛権

　過去、何度も指摘されてきたことですが、我が国の防衛法制には深刻な問題点が存在します。その第一は、我が国の防衛法体系であり、第二は「平時の自衛権」の問題です。

●防衛法体系の問題

　我が国の防衛法体系は、これまで必要の都度、場当たり的かつ必要以上に細分化されて整備されており、統一した軍事的な合理性に基づく法体系に整理されていません。このため、各行動の根拠、権限、適用区分及び適用範囲などが大きく異なる、極めて複雑な法体系となっています。

結果として、法規上想定されていない事態（そもそもすべての軍事行動を法律に網羅できるはずがありません）や複合事態が発生した場合、大きな混乱が予想され、国家の方針を誤る齟齬《そご》を生じたり、軍事的に許容できない無用な損害を被ったりするなど、取り返しのつかない結果となる危険性を内包しています。

この危険性を取り除くためには、早期に交戦規定（ROE：Rule of Engagement）[※1]を制定し、対処行動の上限を記述したリスト（ネガティブリスト）[※2]を制定する必要があります。これにより現場指揮官は煩雑な政治的配慮から解放され、刻々と変化する情勢下においても軍事的合理性に基づく判断・処置に専念することが可能になります。

●「平時の自衛権」の問題

第二の問題点は、国際問題たる防衛事態を、国際法で対処するのではなく、憲法を基軸とする国内法で対処しようとしている点です。つまり、国連憲章等で認められている個別的及び集団的自衛権を自ら制限している点です。

そのため、国際法的に認められている自衛権を根拠としないで、現実に直面している厳しい状況に対処困難な警察権をもって平時の自衛行動を規制しています。このことが、自衛隊現場サイドに多大の困難を強いています。

上記の二つの欠点を克服し、来たるべき非常事態に備えるためには、自衛隊に平時の自衛権を付与すべきです。平時の自衛権は、国際慣習上の権利として、平時における一過性の武力攻撃の脅威に対抗するための武力を行使できる根拠となります。

現在、自衛隊には、この平時の自衛権が与えられていません。この問題については長い間議論され、２０１５年の平和安全法制審議においても問題となりましたが、結局、「運用において改善する」としたまま放置されてしまいました。これでは政府が25安保戦略で唱えたグレーゾーン事態へのシームレスな対応など実現できるはずがありません。

国家の武力行使開始の根拠は、すべて自衛権となります。国連憲章等で認められている平時の自衛権を自衛隊に付与し、すべての軍事行動を自衛権の発動を念頭において、

※1　いつ、どこで、いかなる相手に、どのような武器を使用するかを定めた基準。
※2　これはしてもよいというリスト（ポジティブリスト）に対して、これをしてはいけないというリスト（ネガティブリスト）のこと。

軍事的合理性を踏まえた法体系に整理する必要があります。

●諸外国における平時の自衛権

諸外国の軍隊は、国際慣習上の当然の権利として平時の自衛権を有しています。従って、平時から有事までシームレスに軍隊の行動には自衛権の行使が付随します。

よって、警察権では対応不能なグレーゾーンにおいても、自衛権を行使することで対応が可能です。このため、領海内の外国軍艦、公船による不法行為に対しても強制力を発揮できるとともに、国際水域及びその上空であっても自隊はもちろん、付近の自国軍、自国民、資産に対する外国からの攻撃、攻撃の脅威から、これを防護できます。

この自衛権の行使には必要性の原則が適用されますが、攻撃開始時期は相手が武力攻撃の行動を開始した時点から可能であり、相手の攻撃による被害発生を待つ必要はありません。また、戦闘行為には均衡の原則が適用されますが、均衡とは相手の攻撃、脅威に対する均衡であり、自衛の目的に釣り合うことを意味します。よって、我が国のように警察比例の原則[※3]や危害許容要件（正当防衛、緊急避難など）を考慮する必要はなく、軍事的な合理性に従い、柔軟に対応することが可能です。

4　日本の国家安全保障戦略など戦略文書の問題点

国家安全保障戦略

２０１３年12月（平成25年）、１９５７年に制定された「国防の基本方針」に代わり、我が国初の「国家安全保障戦略」（以下、「25安保戦略」）が策定されました。「国防の基本方針」策定以来、実に57年の長きにわたり、国家安全保障戦略もなく我が国の国家安全保障政策が推進されてきたいい加減さには驚きます。この意味で、「25安保戦略」の策定は、我が国の安全保障政策上、画期的な出来事であったと、大いに評価できます。

※３　警察権の発動に際し、目的達成の障害の程度と比例する限度においてのみ行使することが妥当であるという原則。例えば、相手が拳銃を使用する場合、警察官も拳銃で対応し、より強力な機関銃を使うべきではないという原則。

我が国は「国家安全保障戦略」「防衛計画の大綱」（米国の国家防衛戦略に相当）「中期防衛力整備計画」（米国の国家軍事戦略に相当）という三つの戦略文書を一応整えることができました。

●国家安全保障戦略の概要

25安保戦略は、国際協調主義に基づく「積極的平和主義[※4]」を基本理念とし、国際社会の平和と安全及び繁栄の確保に積極的に寄与する旨を掲げて、国家安全保障の目標について、以下のように記述しています。

・平和と安全の維持、存立を全うするため、必要な抑止力を強化し、万が一脅威が及ぶ場合は、これを排除し、被害の最小化を図る。

・日米同盟の強化。域内外のパートナーとの信頼・協力関係を強化して我が国に対する直接的な脅威の発生を予防する。

・外交努力と人的貢献による国際秩序の強化・紛争の解決に主体的役割を果たし、平和で安定した国際社会を構築する。

さらに、国際情勢分析を行い、安保戦略の目標を達成するための戦略的アプローチとして、「我が国の能力・役割の強化」「日米同盟の強化」「国際社会の平和と安定のためのパートナーとの外交・安全保障協力の強化」「国際社会の平和と安定のための国際的努力への積極的寄与」「国家安全保障を支える国内基盤の強化と内外における理解促進」という項目を列挙しています。

最後に、国家安全保障の最終的な担保が防衛力であり、これを着実に整備する旨を記載していますが、多くの問題点を抱えています。

※4「我が国の平和と安全は我が国一国では確保できず。国際社会もまた、我が国がその国力にふさわしい形で、国際社会の平和と安定のため一層積極的な役割を果たすことを期待している」という認識で、積極的に行動を起こすことに価値をおく考え。

●国家安全保障戦略の問題点

25安保戦略の最大の問題点は、我が国の脅威を北朝鮮の核ミサイル以外は明確に記述していない点です。中国という、我が国との間に尖閣諸島を巡る領土問題を抱え、これを核心的利益と称し、力による現状変更を推進している最大の脅威である国家との関係を極めて曖昧に記述していることは問題だと言わざるを得ません。

また、インド太平洋地域の安全保障環境において、我が国の採り得る戦略的アプローチについても、思いつく限りのアプローチを羅列しただけに留まり、どのアプローチに重点（優先順位）をおくのかについては、まったく示していません。

優先順位の明示は、まさに戦略文書の核心部分です。防衛力が安全保障上の最終担保であると記述されてはいても、まったくほかの項目との差異は感じられず、優先的に国家資源（人物や金など）を投入する意思も形跡もありません。極論すれば、国家資源を万遍なくばらまいているだけであり、これでは中国などの大国に対抗できません。

また、安保戦略において脅威を明示しない限り、現実の脅威に対抗して防衛力を構築するという「脅威対抗的な防衛計画」の構築はできません。これは大綱・中期防（中期防衛力整備計画）における防衛力整備構想にも悪影響を与えています。

米国の国家安全保障戦略などは、中国・ロシアとの大国間競争を明示し、米国の長期競争相手（仮想敵）を中国とロシアであると明記しています。とくに中国については、「中国は、インド太平洋地域から米国を追い出し、国家主導の経済モデルの影響圏を拡大し、当該地域を自分に都合の良い方向に作り替えようとしている」と厳しく批判しています。

しかしながら、25安保戦略は中国に懸念を表明しつつも、中国が「国際社会において協調的な形で積極的な役割を果たすことを期待する」とし、米国が否定する関与政策を引きずったままです。この悪影響は新しい大綱にも同様な表現として表れています。

このように、25安保戦略と現実の政策には乖離《かいり》が大きく、とくに以下の4点について大きな問題があると考えます。

①我が国の防衛体制を整備するうえでの憲法上の不具合、改正の要否、これに対応した自衛隊の法制上の立場・所要規模など、我が国の国家安全保障体制の骨幹をなすべき

記述が一切ありません。

②専守防衛、非核三原則など、現行体制における政策が機械的に導入されていますが、厳しい安全保障環境（とくに北朝鮮の核・ミサイル開発は「重大な脅威」と表現）に対応した専守防衛などの政策の妥当性が検討されていません。

③日米同盟の強化を至るところで強調していますが、日本の安保戦略を米国の安全保障戦略・国防戦略などと整合を図った形跡がありません。

④グレーゾーン事態にシームレス（継ぎ目がなく滑らか）に対応する旨が繰り返し記述されていますが、平時における防衛法制上の問題点を解決しないで、「シームレスな対応」はできません。

以上の4項目に方向性の見えない限り、我が国の安保戦略は、従来通り軍事的合理性を著しく欠く状態が継続することになり、防衛戦略策定上、大きなハンディを背負い続ける結果となることは明白です。

変化著しい極東における安全保障環境に鑑みれば、早期に新しい国家安全保障戦略を改定する必要があります。

防衛計画の大綱・中期防衛力整備計画

２０１８年12月に、「平成31年度以降に係る防衛計画の大綱」（以下、30大綱と呼称）及びこれを受けた「中期防衛力整備計画（平成31年度～平成35年度）について」（以下、31中期防と呼称）が策定されました。

●30大綱の評価できる点

大いに評価できる点としては、初めて中国のＡ２／ＡＤ戦略に言及し、中国による「力を背景とした現状変更」措置と軍事活動について記述し、わずかながらも脅威対象を明らかにしている点です。そして従来ほとんど顧みなかった弾薬の備蓄等の兵站に重点を志向する旨などが記載されている点です。

また、30大綱においては、宇宙・サイバー・電磁スペクトラムといった新たな領域に注目しています。そして、従来の陸・海・空の領域における戦いとの相乗効果により能力の向上を図る領域横断（クロスドメイン）作戦を重視し、「多次元統合防衛力」の整備を打ち出しました。

●30大綱の問題点

30大綱と31中期防は、前大綱・中期防の策定から5年が経過しての策定となり、この間の劇的な安全保障環境の変化を分析・内包していない旧態依然とした安保戦略を上位戦略として受け継いでいることになります。

また、前大綱にもあった、海上優勢・航空優勢の記述が不明瞭です。どの国の脅威に対して、これを保つのか一切記載がありません（25安保戦略の示す通り、脅威が北朝鮮のみなら、その通常戦力は特殊戦、サイバー戦能力を除き、問題外）。

このため、31中期防においても結局は前中期防からわずか数％程度上積みされた27兆4700億円（このなかには実際には使えない節減分1兆9700億円が含まれます。ちなみに前中期防防衛予算は23兆9700億円、うち節減分7000億円です）が計上されたのみです。はっきり言って、この予算額では大綱の達成は不可能です。

防衛戦略は国家の基本戦略です。言葉遊びではありません。作成した以上は、責任をもって、その達成に尽力すべきです。もちろん、国家資源には限りがあり、防衛費にも限度があることは理解できます。現在の防衛費が国家としての限界であれば、受け入れざるを得ません。

しかし、仮にそうであるなら安保戦略も30大綱も絵に描いた餅です。従って、この財政的な制約を各戦略にフィードバックし、この財源の範囲で効果的、かつ実現性のある戦略を再検討することが必要です。

現在、NATO諸国は、国防費をGDP比2％以上にすることを相互に確認しています。我が国の財政状況は理解できますが、それはどの国も大同小異です。むしろ、国家の純資産が30兆円以上にのぼる我が国は良好な財政状況にあると言えます。防衛費のGDP比率については、各国の予算内容に相違があり、必ずしも比率のみで比較することは適当ではありませんが、中国・北朝鮮という現実の脅威が目の前に存在する我が国においては必要なものは早急に整備する必要があります。このため、現状の2倍程度の防衛予算は最低限必要不可欠なものと考えます。

30大綱・31中期防は、米国製兵器の購入ありきに重点が指向され、戦略的な思考が不十分な面はあるものの、それなりによく検討されており、将来戦に必須の機能・防衛力整備上の問題点を整理し、課題を提供しています。問題は達成度と、それに要する時間の速さであると思います。

●F-35Bの導入と護衛艦「いずも」の改修問題

F-35Bの導入、艦載化と、これに伴う護衛艦「いずも」の改修がマスコミなどで大きな話題となっていることは周知の通りです。

これに対して、「専守防衛」の立場から空母の保有は許されないとか、「いずも」は常時F-35Bを運用するのではなく、戦闘機の柔軟な運用、緊急事態の安全性を確保する意味から「攻撃型空母」ではなく、憲法上保有を禁じるものではないとか論議されています。

これらの議論は、まったく不毛です。そもそも「専守防衛」などという軍事概念はなく、兵器に攻撃用、防御用の区分もありません。我が国を取り巻く安全保障環境が劇的に変化したからこそ戦闘機の艦載化が必要なのです。

艦載機を運用するためには、F-35Bを一時的に搭載して終わりではありません。常に訓練が必要です。また、それに付随する整備員・管制員なども艦上訓練が必要です。この種の兵力を運用するためには、常時の訓練を伴わない一時的な使用など安全性の保持の観点からも危険極まりなく、軍事を無視した発想と言われても仕方ありません。

過去の憲法解釈に合致させるための詭弁《きべん》に近い政治的な論理を展開している余裕は我が国にはもはやありません。不毛な議論のしわ寄せはすべて現場の自衛官に来ます。後述しますが、我が国が憲法の縛りから脱却しない限り、効果的に国防を全うする軍隊の創設は不可能です。

5　日本の安全保障のあるべき姿

我が国の危機管理態勢は、幾多の大規模自然災害、福島第一原発の事故、地下鉄サリン事件などを経験することによって改善されてきました。しかし、戦後70年以上経過しても変わらなかったのは憲法第九条であり、それに起因する非常に歪な安全保障論議です。

いまだに国際標準の安全保障議論ができない我が国の状況を打破し、我が国を取り巻く厳しい安全保障環境を克服するためには、まず第九条の改正を実現しなければいけません。

ここからは、戦後70年間の危機管理上の根本問題を改善した「あるべき危機管理態勢」について考えたいと思います。

なお、以降は、筆者が議論に参加し一部を執筆した「日本防衛変革のための75の提案[※5]」の内容の一部を踏まえて記述することにします。

脅威対抗型戦略の構築と米戦略との整合

安保戦略を考察するうえで、最も重要なことは守るべき国益を示すことです。これはどの国の安保戦略も大同小異であり、「国家の主権と独立及び国家の繁栄」「領土保全」「国民の安全の確保」「自由、民主主義、基本的人権などの普遍的価値」などが挙げられます。

問題は、我が国は国家に対する脅威は何かを明確にしていないことです。このことは長年にわたる日本の戦略の欠陥であり、既に明確な脅威が存在していたにもかかわらず「我が国の戦略は特定の国家を対象としたものではない」とした「全方位外交（いわゆる八方美人）」や「基盤的防衛力[※6]」などの構想を生み出し、総花的な戦略の上に立脚してきました。

この戦略では外交・防衛努力の重点・方向性が定まらない欠点があり、ほぼ一貫して日本の防衛力、防衛費の構成が大きく変化しなかった理由もここにあります。まずは我が国にとっての脅威を明示し、脅威対抗型の戦略を構築する必要があります。

現在、日本に対する脅威を考察すれば、第一に急速な軍事力増強を行い、力による現状変更を強引に進める中国、第二に核ミサイルの開発を重視する北朝鮮の両国が明確な脅威です。

※5　「日本防衛変革のための75の提案」、内外ニュースリベラルアーツシリーズ4、内外ニュース
※6　平時における十分な警戒態勢を取るのに必要な基礎的な防衛力のこと。

次に、同盟国である米国の安保戦略との整合を考慮する必要があります。前述した通り、米国は「国家安全保障戦略」と「国家防衛戦略」を発表し、このなかで「中国、ロシアは米国のパワー、国益に挑戦する修正主義勢力」「北朝鮮、イランは地域を不安定化する『ならず者国家』」と規定し、「米国の関与政策により、競争相手が無害化または信頼できるパートナーに変化するという幻想に基づく政策を変化させる」必要性を強調しています。これは、はっきりと中国を脅威として認識するとともに、これまでの関与政策を否定するものです。

また、これと同時に中国が最も敏感に反応する台湾の軍事援助などに触れ、「台湾の正当な防衛上の必要性を満たし、強力な結びつきを維持」する旨が明記されました。

この一連の事実は米国が中国を競争相手（仮想敵国）としてはっきりと認識したことを意味します。従って、この見地からも、我が国の安保戦略と米国戦略の方向性を合致させることにより、以後、この共通認識に立脚した両国の協議が可能となります。

この必要性は我が国の防衛戦略についても同様です。米国は、前述した国家防衛戦略によって、戦争抑止が破綻した場合は「同盟国とともに相手を不利な立場に追い込み、不利な条件下での戦いを強いる」と記述し、同盟国へは自国防衛力の近代化のための投資を求めています。

抑止戦略

安保・防衛戦略の骨幹は核戦略です。我が国周辺における安全保障環境上の最も大きな変化は核兵器の拡散と、その運搬手段たる弾道ミサイル技術の拡散です。とくに、中国は核戦力及び短・中距離弾道弾の整備ペースを加速しています。

また、北朝鮮による同兵器の保有は、その挑発的な言動と併せて極東の安全保障環境を悪化させています。

我が国に対する中国や北朝鮮の核の脅威は既に十数年前から存在しており、急変したものではありません。本来、我が国は、この時点での核脅威に対応して真っ先に核戦略を見直す必要があったにもかかわらず、25安保戦略においても「非核三原則」の一言で片づけ、思考停止状態に陥ったままです。

●懲罰的抑止

核抑止には二つの形態があります。一つは懲罰的抑止、つまり核報復攻撃機能の保有により相手に核の使用を思いとどまらせるものです。もう一つは拒否的抑止としてのミサイル・ディフェンス、敵基地攻撃などの核防御機能が含まれます。しかしながら、拒否的抑止の概念は、その戦略を実施する国家が確固とした有効性が保障された核戦力を保有していない限り有効に機能しません。

つまり、核防御は、まず核の使用を思いとどまらせる機能である懲罰的抑止機能が最も重要であり、この存在が前提かつ絶対の条件となります。近年、核兵器の使用を通常戦争の延長と考える国家（ロシア、中国）が出現するとともに、米本土には影響を与えない核兵器運搬手段の大量出現、独裁国家（例えば北朝鮮）による核使用の閾値《いきち》の低下が懸念され、従来の米国による核拡大抑止機能が低下していることが危惧されています。

現に、2015年、我が国で講演したペンシルベニア大学のアーサー・ウォルドロン教授（米国際評価センター副所長）は米国の核の傘は幻想であることを明言、日本に英仏と同様に必要最小限の核戦力の保有を提言しています。

前述した情勢に対応するためには、核兵器を手元におき、相手の攻撃が核戦力に直接脅威を与える状況を作為するしかありません。すなわち、核兵器を日本本土に配備展開することにより、核攻撃に対し核兵器による反撃を受ける信憑《しんぴょう》性を高める以外に懲罰的抑止機能は確保できないと考えます。

まずは速やかに「持ち込ませず」を変更し、米国の戦域核を国内展開させることにより、「懲罰的抑止」能力を確立する必要があります。その後、核兵器の日米共同管理形態の議論や独自の核戦力構築などについては米国と協議・連携のうえ、段階的に整備していくことが適当と思料します。

●拒否的抑止

次に拒否的抑止機能について考察します。拒否的抑止機能として現状考えうるのは弾道ミサイル防衛（以下、ＢＭＤ）と敵基地攻撃機能です。

ＢＭＤについては我が国にはイージスシステムから発射するＳＭ－３とＰＡＣ－３の２種のミサイルが存在します。このうちＰＡＣ－３は改良型の配備が進められているも

の の、大気圏内で迎撃を実施するシステムであるため、迎撃可能時間が短く、ある一定以上の再突入速度で落下する弾頭には対処不能となります。また、迎撃範囲も狭く、ほとんど迎撃部隊配備点への直撃に近い弾頭にしか対処できません。

イージスシステムを利用して迎撃するSM－3は弾頭を宇宙空間で迎撃するシステムです。現在、進化を続けており、迎撃高度は約1000㎞まで延伸することが期待されています。このため迎撃可能範囲は極めて広く、イージス艦数隻で日本全土のカバーが可能です。このシステムは地上配備も可能であり、イージスアショアとして日本政府も導入を決定しました。

しかしながら、イージスは非常に高精度な武器システムであり、それだけに高価です。従って、その整備数は限定されます。また、同システムの対処能力といえども限界があり、現状、核弾頭と通常弾頭を区分する能力はなく、飽和攻撃※7にも対応できません。それに加えて、潜水艦から発射されるSLBM（Submarine-Launched Ballistic Missile＝潜水艦発射弾道ミサイル）については同システムで対処する対象とされていません。つまり、この高価なシステムでも確実に核弾頭を撃破できる保証はないということになります。

●**敵基地攻撃能力**

・敵基地攻撃能力の保持は憲法上許される

左翼政治家や一部のメディアは、自衛隊が敵基地攻撃能力を持つことに反対しています。しかし、過去において「我が国土に対し、誘導弾等による攻撃が行われた場合、他の手段がないと認められる限り、誘導弾等の基地を攻撃することは、法理的には自衛の範囲に含まれ、可能である」という政府答弁※8がなされています。

ですから、堂々と敵基地攻撃能力を持つべきで、その能力がないと敵に対する懲罰的抑止は効きません。

・自衛隊は現段階で敵基地攻撃能力を保有していない

※7　相手の防護能力の限界を超える量（ミサイルの数など）を使った攻撃。
※8　鳩山一郎内閣総理大臣答弁を船田中防衛庁長官が代読、衆議院内閣委員会、1956年2月29日。

敵基地攻撃能力は法的には可能ですが、現段階において、自衛隊は敵基地攻撃能力を持っていません。北朝鮮や中国から弾道ミサイルの攻撃を受けたとしても、反撃する能力を持っていないのです。反撃能力は米軍に頼るというのが建前です。

自衛隊は、長距離戦略爆撃機、攻撃型空母、長距離弾道ミサイル（ＩＣＢＭ）を持っていません。Ｆ－２やＦ－15に敵基地を攻撃して帰ってくる能力はありません。

つまり、相手が日本を攻撃しても反撃のための敵基地攻撃能力がないのです。日本単独では、敵の攻撃を抑止する能力を持っていないということです。安全保障の本質は戦争を抑止することですから、抑止力を持たないということは安全保障上の致命的欠陥となります。

ですから、最近は敵基地攻撃能力の整備が計画されているのです。

・敵基地攻撃能力を保有せよ

核兵器を運搬する手段を叩くうえで最も効果的な手段が、その基地機能を奪うことにあることは議論の余地がありません。敵基地を攻撃すれば、発射手段を局限できるため、イージスが使用する弾数を減少させ、同システムの有効性も高まります。

●原子力潜水艦の保有は不可欠

「敵基地攻撃」については、30大綱・31中期防においてスタンドオフ防衛能力[※9]という形で記載されました。しかし、相手もこの種の攻撃に対抗する手段として発射基地の欺瞞・秘匿及び発射機に機動性を持たせるなどの措置を実施しており、これらのリアルタイムの位置情報を平時から正確に入手する必要があります。

しかし、この種の能力にも我が国は大きく立ち遅れています。長射程の兵器を使い「敵基地攻撃」をするためには、目標を発見し、ターゲティング（目標設定）し、ミサイルを発射し、そのミサイルを最終的に目標に正確に誘導しなければいけません。この一連の手順をキルチェーンと呼びますが、自衛隊はこのキルチェーンの能力を確保しなければいけません。

※9　相手の攻撃が届かない場所から攻撃できる能力。

また、当該誘導弾を各種運搬手段に搭載し、できる限り北朝鮮に近接した地点から攻撃することが求められます。この要求に鑑みれば、潜水艦に搭載された誘導弾は相手の領域近くから（必要であれば領域内からも）奇襲的に発射することが可能であり、当然飛翔距離が短いだけに命中までのタイムラグも小さく、かつ潜水艦の特性上、相手国近傍における長期間の哨戒が可能であるという利点も有します。

潜水艦建造技術に立ち遅れている北朝鮮戦略潜水艦は、基本的に黄海などの味方威力圏を行動せざるを得ません。しかし、北朝鮮戦略潜水艦を追尾・撃破するには、海上自衛隊の潜水艦も長期間潜航せざるを得ませんが、通常潜水艦ではその行動能力、探知能力に限界（潜水艦を効果的に探知するには膨大な電力が必要）があります。そのため、海自は原子力潜水艦の保有についても視野に入れた検討が実施されるべきであると考えます。

北朝鮮の脅威に限らず、中国も水中戦の分野においてはまだ米同盟側に後れをとっています。このため、対中国戦を考慮した場合においても、早期に原子力潜水艦を保有・運用することは、我が国の防衛上、必須の事項と考えます。

我が国独自の防衛努力

●防衛予算の増額

将来、日中戦も見据えた防衛力整備が対GDP比1％以下の防衛費でできるはずがありません。しかも、この1％以下枠のなかには自衛隊の増強にはまったく関係ない米軍再編関係費などの約2000億円が含まれており、純粋な防衛費は5兆円を超えていません。現在の防衛費の約45％は人件・糧食費、約35％は歳出化経費（借金返済経費）であり、当該年度の新規装備品の購入、活動費などとなる一般物件費は約20％にすぎません。そのうえ歳出化経費（借金）は増加の一途を辿っており、これが防衛費の柔軟な運用を圧迫しています。単純計算では、増え続ける歳出化経費分の負担を賄うだけでも年率12％程度の防衛予算の増額が必要です。

今後、防衛力は従来の作戦領域（ドメイン）に収まらず、サイバー戦、宇宙戦、電磁スペクトラム戦、各種無人兵器、AIの活用などへの拡大が必至の情勢であり、この分野だけでも途方もない費用が必要です。早期にGDP比2％程度の防衛費を確保するとともに、米国の国防戦略や作戦構想と連携して我が国の防衛戦略を再構築する必要があります。

そのうえで、米国との作戦思想の統一を図るとともに、これに立脚した重点装備品・重点施策を決定し、優先順位をつけて迅速な防衛力整備を図るべきです。日米同盟の強化とは本来任務を全うできる精強な自衛隊あってこその話です。

●人的戦力の充実

1998年以来、2014年まで自衛隊の定数は一貫して削減され続けてきましたが、この間の自衛隊の任務は拡大の一途を辿っています。各自衛隊は部隊改編、定員の付け替えなどあらゆる手段を尽くして、これに対応してきましたが、限界に来ています。我が国周辺の脅威が現実化した今日、自衛隊は一致団結して必要な定員については純増を要求すべき段階に来ています。

また、当座の措置として充足率の撤廃による実員増加も図るべきです。充足率とは自衛隊発足後まもなく当時の募集難に伴う実員と定員の乖離と人件・糧食費の予算効率化の観点から、有事には人員の不足分を急速に補充することを前提として導入された自衛隊特有の制度です。

この制度が成立して以来、自衛隊は定員と実員の乖離に悩まされ続けてきました。現状、充足率は改善されつつあるとはいえ、各自衛隊ともに定員の九十数%の値がいまだに続いています。従って、定員と実員の乖離はざっと見積もっても自衛隊全体で約2万人程度となります。このため各自衛隊の人員のやり繰りは限界に近いところまで圧迫されています。有事に備えるためにも、充足率を直ちに撤廃し、自衛隊の人的基盤の充実を急速に図る必要があります。

その一方で、自衛隊が新隊員の募集に苦労していることも事実です。とくに少子化の進む現在、自衛官の処遇を大幅に改善しなければ、計画人員の確保は困難です。現役隊員は言いづらい面があるでしょうが、特別職の公務員としての給与の増大、各種手当の増加はもちろんのこと、諸外国に倣い、奨学金制度や再雇用制度の充実、防衛関連事務官の増員を実施し、人的戦力を将来的にも確保する努力が必要です。

人的戦力の拡充を図ることも重要ですが、その活用もまた重要です。これまで自衛隊は、本来自衛隊が出動するべきか否か多分に疑問のある任務も実施してきました。自衛隊が軍事機能として保有する機動力、自己完結能力などを、安易に使用されてきた懸念があり、この傾向を改善すべきです。

専守防衛ではなく積極防衛（アクティブディフェンス）へ政策変更が急務

我が国の憲法は、平和主義の理想を掲げ、第九条に戦争放棄、戦力不保持、交戦権の否認を規定しています。そして平和憲法に基づく安全保障の基本政策として専守防衛、軍事大国にならない、非核三原則などが列挙されています。これらの安全保障上極めて抑制的すぎる言葉、とくに専守防衛が日本の安全保障論議を極めて歪なものにしてきましたが、専守防衛では日本を守ることはできません。

●専守防衛は戦後日本の不毛な安全保障論議の象徴

我が国は先の大戦における敗戦後、日本国憲法が施行されてから、世界でも類のない極めて不毛な安全保障議論を繰り返してきました。その象徴が「専守防衛」という世界の常識ではありえない政策です。

「専守防衛」とは、「相手から武力攻撃を受けたときに初めて防衛力を行使し、その態様も自衛のための必要最小限にとどめ、また保持する防衛力も自衛のための必要最小限のものに限るなど、憲法の精神にのっとった受動的な防衛戦略の姿勢をいう」（２０１５年３月、衆議院に提出された安倍内閣における「専守防衛」に関する質問に対する答弁書より）と定義されています。一般の国民は、専守防衛に関するこの定義を知らないと思います。

専守防衛という言葉を文字通りに解釈すると「もっぱら防衛する」ということで、「攻撃しない」ということです。「もっぱら防衛する」という政策は、軍事的には「百戦百敗」の政策です。

柔道でもボクシングでも明らかなように、「もっぱら防御のみ」で攻撃をしなければ敗北は明らかです。敵は、もっぱら防御しかしない相手に対して勝利することはたやすいことです。なぜならば、安心して攻撃を続けることができるからです。ボクシングでも柔道でもスポーツはすべてそうですが、防御のみの戦法は必ず負けます。やはり、攻撃と防御のバランスが大切です。防御のみは軍事の世界では考えられません。極めて不適切な政治的な用語です。

専守防衛を国是とする限り、抑止力（敵の攻撃を防ぐ力）は脆弱なものにならざるを得ず、抑止力を米軍に依存せざるを得ません。自衛隊単独では中国や北朝鮮の脅威に対抗できず、米軍の助けが不可欠だからです。

そもそも、我が国の政治の世界においては、「専守防衛は国是だ」ということになっていますが、この非論理的な政策を国是にしてはいけません。

●「積極防衛」への政策転換が急務

抑止及び対処の観点から非常に問題の多い専守防衛ではなく、「積極防衛」を政策として採用すべきです。積極防衛は、「相手から武力攻撃を受けたときに初めて必要な防衛力を行使して反撃する」という防衛政策です。つまり、「日本は先制攻撃をしませんが、相手から攻撃されたならば、自衛のために必要な防衛力で反撃する」という防衛政策が「積極防衛」です。つまり、専守防衛の定義で使われている「防衛力の行使を自衛のための必要最小限にとどめ」とか「保持する防衛力も自衛のための必要最小限のものに限る」などという過度に抑制的な表現を使いません。単純に「自衛のために必要な防衛力で反撃する」という表現が妥当です。

参考までに記すと、日本の最大の脅威になっている中国人民解放軍の伝統的な戦略が「積極防御」です。積極防御については、「積極防御戦略が中国共産党の軍事戦略の基本であり、戦略上は防御、自衛及び後発制人（攻撃されたあとに反撃する）を堅持する」と定義されています。つまり、私が主張する「積極防衛」と意味は同じです。中国が積極防御と主張するのですから、日本が「積極防衛」を主張したとしても、中国は日本の「積極防衛」を非難することはできません。

今後、専守防衛ではなく、積極防衛に基づく作戦・戦術の具体化、それに基づく訓練の実施、装備品の研究・開発を行うべきです。

スパイ防止法の制定と諜報機関の充実

●スパイ防止法の早急な制定を

我が国はスパイ天国だと言われています。なぜならば、我が国にはスパイを取り締まる法律「スパイ防止法」がないからです。スパイ防止法がないということはスパイ罪の規定がないということです。

我が国では、国家の重要な情報や企業等の情報が不法に盗まれたとしても、その行為をスパイ罪で罰することができないのです。スパイ行為をスパイ罪で罰することができない稀有な国が日本なのです。

初代内閣安全保障室長を務めた佐々淳行《さっさあつゆき》氏は、警視庁公安部や大阪府警警備部などで北朝鮮、ソ連、中国の対日スパイ工作の摘発に当たってきましたが、月刊誌『諸君!』(文藝春秋、2002年12月号)で次のように述べています。

〈我々は精一杯、北朝鮮をはじめとする共産圏スパイと闘い、摘発などを日夜やってきたのです。でも、いくら北朝鮮をはじめとする共産圏のスパイを逮捕・起訴しても、せいぜいが懲役一年、しかも執行猶予がついて、裁判終了後には堂々と大手をふって出国していくのが実状でした。なぜ、そんなに刑罰が軽いのか——。どこの国でも制定されているスパイ防止法がこの国には与えられていなかったからです。〉

日本以外の国では死刑や無期懲役に処せられる重大犯罪であるスパイ活動を、日本では出入国管理法、外国為替管理法、旅券法、外国人登録法、窃盗罪、建造物（住居）侵入などの刑の軽い特別法や一般刑法でしか取り締まれず、事実上、野放し状態なのです。

スパイ防止法がないために日本の軍事情報、最先端技術などが大量に盗まれているのではないかと私は危惧しています。そして、スパイの国籍は中国、北朝鮮、ロシアが主体でしょうが、民主主義国家のスパイもいるのではないかと思います。

国家の安全保障において、国家機密や防衛機密を守り、他国の諜報活動を予防し、対処することは自衛権の行使として当然の行為です。世界のどの国にもスパイ行為を厳しく取り締まる法（スパイ防止法や国家機密法など）が存在します。それがスパイ対策の基本です。

日本以外のどの国でも、国家の安全保障を脅かすスパイには死刑や無期懲役などの厳罰で臨んでいますが、我が国でそれができないのです。

●日本の諜報機関の充実を

世界各国では、国外でも諜報活動を実施する米国のＣＩＡ（米中央情報局）、中国のＭＳＳ（国家安全部、とくに海外の最先端技術情報の窃取が目的）、英国のＳＩＳ（英情報局秘密情報部、いわゆるＭＩ６）、ロシアのＫＳＢ（ロシア連邦保安庁、ソ連時代に有名であったＫＧＢの後継組織、ウラジーミル・プーチン大統領は第４代ＫＳＢ長官）、ドイツのＢＤＮ（ドイツ連邦情報局）、イスラエルのモサド（イスラエル諜報特務庁）などの有名な対外諜報機関が存在しますが、日本には国外で諜報活動を実施する機関は存在しません。

日本の諜報機関は国内で活動し、公安警察、公安調査庁、内閣情報調査室（ＣＩＲＯ《サイロ》）、防衛省の情報本部（ＤＩＨ）などが存在しますが、いずれも小規模（ＤＩＨを除く）で、国外での諜報活動とくに特殊工作（暗殺や破壊工作など）は行いません。

日本国内でスパイを取り締まる法律もなく、諜報機関も小規模であるために、日本はスパイ天国になってしまったのです。

第六章のまとめ

最後に第六章をまとめます。

・日本の安全保障を考える際に、日米共通の「インド太平洋戦略」は重要な戦略になります。この戦略は第一列島線を構成する諸国との連携を重視しています。その連携を強化して、中国の「一帯一路構想」などの戦略に対応していくことになります。

・日本の戦略から完全に欠落しているのは台湾ですが、台湾有事は日米同盟の試金石となります。日米共通の「インド太平洋戦略」において台湾は重視されています。台湾が日本とともに第一列島線の重要な一部を形成しているからです。台湾の防衛は日本の防衛と直結しています。

・日本の「国家安全保障戦略」の問題点は、中国の脅威を曖昧にしている点です。そのため、焦点の合った「脅威対抗的な防衛計画」が作成されていません。
・我が国の安全保障における諸悪の根源になっている日本国憲法第九条を速やかに改正すべきです。憲法改正論議を拒否することは国会議員としての職務放棄です。
・国際慣習上の当然の権利として認められている「平時の自衛権」を認めるべきです。これにより、現在認められている警察権では対処が非常に難しいグレーゾーン事態にも対処が可能になります。
・あるべき日本の安全保障を実現するために、「脅威対抗型戦略の構築と米国戦略との整合」「敵基地攻撃能力の保持」「防衛予算の増額」「人的戦力の充実」「専守防衛ではなく積極防衛（アクティブディフェンス）への転換。例えば、航空母艦の保有、原子力潜水艦の保有」「スパイ防止法の制定と諜報機関の充実」などを提言しました。

おわりに

くどいようですが、本書の狙いを再確認したいと思います。狙いの第一は、現在の国際情勢を規定している「米中覇権争い」について、その背景を両国の安全保障政策や戦略を中心として分析し、その実態を明らかにすることです。

第二に、米中覇権争いのなかで日本周辺の安全保障関係が非常に厳しい状況になっていることを、中国の人民解放軍の状況、台湾の情勢、朝鮮半島の情勢を紹介することにより明らかにすることです。

第三に、そのような厳しい安全保障環境下で日本はいかにすべきかを明らかにすることです。結論として、米国と日本が「インド太平洋戦略」という共通の戦略をもって、中国の「一帯一路構想」に対応すべきことを強調しました。この「インド太平洋戦略」で中国に対応することを突き詰めると、第一列島線防衛になることを明らかにしました。つまり、第一列島線を形成する日本、台湾、フィリピン、インドネシア、マレーシアとその周辺関係国である米国を筆頭とするオーストラリア、インド、タイ、シンガポール、ベトナムなどの国々との連携により、中国の強圧的な攻勢を抑止しようという戦略です。

また、第一列島線防衛の観点で盲点になっているのが台湾の防衛です。本書においては台湾防衛の重要性を強調しています。台湾防衛において日本として何ができるか、何をしなければいけないかの観点を重視しました。

トランプ大統領の「力による平和」が影を潜めた

２０１９年6月1日、米国防省は「インド太平洋戦略」を発表しました。この戦略は、中国の強圧的な台頭に対抗するためには不可欠な戦略ですが、その戦略を実現するために最も重要な要素の一つは、米国とその同盟国及び友好国との緊密な連携です。

しかし、その重視すべき連携を揺るがすような事案が起こりました。トランプ大統領がシリア北部からの米軍の一部撤退を突然決めたことをきっかけに、トルコは10月9日、シリア北東部への軍事作戦を開始しました。攻撃目標は、これまで米軍とともにＩＳと戦ってきたクルド人勢力です。この米軍撤退を受けて、ロシアやシリアがこの地域で影響力を拡大させる動きを活発化させていて、米国の影響力の低下は避けられない状況になっています。

トランプ氏は、２０１６年の大統領選挙において打ち出した「力による平和」を大統領就任当初においては実行しました。例えば、北朝鮮の核ミサイル開発などの挑発に対しては、「(軍事力の行使を含む) あらゆる選択肢がテーブルにある」「最大限の圧力をかける」というフレーズを連呼して、北朝鮮の非核化を迫り、国連の経済制裁もあり、一定の効果を収めました。

しかし、２０１８年6月に実施された第一回米朝首脳会談以降において、トランプ氏は「力による平和」路線を放棄したのではないかと思わざるを得ない状況になっています。例えば、金委員長に対する甘すぎる対応のために北朝鮮の核ミサイルの開発は継続しています。２０１９年6月にはイランに対する軍事作戦を一度は決断しましたが、決行10分前に見送りました。ジョン・ボルトン国家安全保障担当大統領補佐官(当時)は、「軍事攻撃を見送ったために、イランに足元を見られるようになった」と批判しました。そして、シリア北部からの米軍の撤退を唐突に発表し、それをクルド攻撃のゴーサインと判断したトルコのシリア北部への侵攻を招いてしまいました。

北部シリアに居住するクルド人に対するトルコの攻撃を抑止してきた最大の要因は米軍の存在でした。トランプ氏の撤収決定は米軍の戦友とも言うべきクルド人勢力に対する裏切り行為でした。第一線の米軍人たちも、ISとの厳しい戦いをともに戦ってくれた勇敢なクルド人たちを見捨てる決定に憤りを表明しています。

以上のように最近のトランプ氏の対外政策は明らかに「力による平和」から逸脱していると思わざるを得ません。世界最強の軍事力を背景とした「力による平和」を追求しないトランプ大統領は、オバマ前大統領と同様に世界のしたたかな指導者から軽んじられるでしょう。そして、米国の同盟国や友好国のトランプ政権に対する信頼感は低下するでしょう。

見捨てられたクルドの次は台湾か？

クルド人をドライに見捨てたトランプ氏の予測不能な言動の次なる犠牲になるのは台湾ではないのかと心配する人たちがいます。例えば、『ワシントン・ポスト』は「トランプはシリアのクルド人たちを見捨てた。次は台湾の可能性？」という記事を掲載しています。

習近平主席は、２０１２年に中国共産党の総書記に就任して以来、台湾統一が悲願であることを発言してきました。習氏は、中国が台湾に対する「武力行使を放棄する」ことはないと何回も発表しています。彼は２０１９年10月13日、ネパールでの演説でも同じ脅しを繰り返し、中国を分離しようとすれば「砕かれた体、砕かれた骨」になるとまで警告しています。

もしも、中国が台湾を攻撃し、米国が黙認したならば、日本を含むアジア諸国に衝撃を与えることになるでしょう。米国の同盟諸国は、米国の安全保障上のコミットメントに疑念を抱き、中国、北朝鮮、ロシアを勢いづけるでしょう。そして、中国の海洋権益が西太平洋にまで拡大し、中国がこの地域を支配することになるでしょう。

中国は台湾の人々に「一国二制度」方式を提案し、資本主義と民主主義の体制を維持すると約束しました。しかし、香港に提示した「一国二制度」方式は、中国により破られてしまい、実質的に一国一制度になっています。台湾の人たちの「今日の香港は明日の台湾」という懸念には根拠があります。

米国は現在、アメリカ・ファーストで内向きになり、世界の諸問題を解決する意思も能力も低下させています。そのような状況下で、日本や台湾は、有事において必ず米軍が来援してくれると期待することは重要ですが、それ以上に重要なことは、米国に過度に依存することなく、自らすべきことをしっかりするという自助・自立の姿勢だと思います。

まず自助により自国の経済力、外交力、防衛力、科学技術力を強化することです。自国が強い国にならないと米国も信頼しません。この自助を基盤として、日米同盟の強化に努めることです。そして、他の友好国との共助により日本自身の生き残りを図ることが不可欠だと思います。

筆者は、２０１９年11月中旬に台湾の国防大学が主催した国際会議に招待されました。そこで討議された内容は中国人民解放軍の脅威であり、その脅威に日本、米国、台湾がいかに対処するかでした。台湾防衛に携わる当事者は大きな危機感を抱いています。筆者が会議で訴えた内容は本書で記述してきた内容です。香港の危機は台湾の危機につながり、台湾の危機は日本の危機につながります。多くのことが連携しているのです。そのことを再確認する国際会議でした。

最後になりましたが、本書の出版を支えていただきました多くの方々、そして最後まで本書を読んでいただいた読者諸氏に感謝申し上げます。

令和元（２０１９）年12月吉日　　執筆者を代表して　渡部悦和

台湾有事と日本の安全保障

日本と台湾は運命共同体だ

著者　渡部悦和　尾上定正
小野田治　矢野一樹

２０２０年３月５日　初版発行

渡部悦和（わたなべ・よしかず）
元陸将。陸幕装備部長、第2師団長、東部方面総監を歴任し、２０１３年退官。元ハーバード大学上席特別研究員、現富士通システム統合研究所安全保障研究所長

尾上定正（おうえ・さだまさ）
元空将。第2航空団司令、統幕防衛計画部長、北部航空方面隊司令官、補給本部長を歴任し、２０１７年退官。ハーバード大学上席特別研究員

小野田治（おのだ・おさむ）
元空将。空幕人事教育部長、第7航空団司令、西部航空方面隊司令官、航空教育集団司令官を歴任し、２０１２年退官。元ハーバード大学上席特別研究員

矢野一樹（やの・かずき）
元海将。大湊地方総監部幕僚長、海幕装備部長、潜水艦隊司令官を歴任し、２０１３年退官

発行者　佐藤俊彦

発行所　株式会社ワニ・プラス
〒１５０-８４８２
東京都渋谷区恵比寿４-４-９　えびす大黑ビル７Ｆ
電話　０３-５４４９-２１７１（編集）

発売元　株式会社ワニブックス
〒１５０-８４８２
東京都渋谷区恵比寿４-４-９　えびす大黑ビル
電話　０３-５４４９-２７１１（代表）

装丁　橘田浩志（アティック）
柏原宗績

ＤＴＰ　平林弘子

印刷・製本所　大日本印刷株式会社

ISBN 978-4-8470-6163-9
ワニブックスＨＰ　https://www.wani.co.jp